Kohlhammer
Urban-
Taschenbücher

Band 177

Detlef Grieswelle

Allgemeine Soziologie

Gegenstand, Grundbegriffe und Methode der Soziologie

Zweite Auflage

Verlag W. Kohlhammer
Stuttgart Berlin Köln Mainz

CIP-Kurztitelaufnahme der Deutschen Bibliothek

Grieswelle, Detlef

Allgemeine Soziologie: Gegenstand, Grundbegriffe u. Methode d. Soziologie.
2., unveränd. Aufl. – Stuttgart, Berlin, Köln, Mainz: Kohlhammer, 1978.
(Urban-Taschenbücher; Bd. 177)
ISBN 3-17-004824-4

2. Auflage 1978

Stuttgart Berlin Köln Mainz
Verlagsort: Stuttgart
Umschlag: hace
Gesamtherstellung: W. Kohlhammer GmbH
Grafischer Großbetrieb Stuttgart
Printed in Germany

Inhalt

Einleitung

Aufgabe dieses Buches ist es, an die seit der Begründung der modernen Soziologie ausgangs des 19. Jahrhunderts stattfindende Besinnung über Gegenstand und Denkform der Soziologie anzuknüpfen und einen skizzenhaften und geschlossenen Entwurf der allgemeinen Soziologie zu liefern. Dabei gilt es, die Crux vieler Einführungen in die Soziologie zu vermeiden, allgemeine und spezielle Soziologie zu vermischen; vielmehr soll der grundlegende, allgemeine Rahmen soziologischer Reflexion heraustreten.
Um die Grundbegriffe der Soziologie darzustellen, bedarf es vorher einiger Erörterungen über das soziale Handeln und die soziologische Systemtheorie; vor diesem Hintergrund wird der Stellenwert der zentralen soziologischen Begriffe sichtbar. Eine Theorie vom soziologischen Gegenstand kann helfen, eine unbegründete und recht willkürliche Auswahl aus einer Vielzahl von Begriffen zu vermeiden.
Zum anderen ist eine Bestimmung des soziologischen Gegenstandes vonnöten, weil das System einer Erfahrungswissenschaft sich niemals allein durch eine wachsende Ansammlung von Einzelerfahrungen etabliert, die mittels fortschreitender induktiver Verallgemeinerungen in Hypothesen und Theorien zusammengefaßt werden. Die Hypothesenbildung setzt vielmehr ein Wissen voraus, wovon angesichts der Komplexität der gegebenen Erfahrungswirklichkeit abstrahiert und wovon bei der Hypothesenbildung nicht abgesehen werden kann. »Dieses, aller Hypothesenbildung vorausgesetzte und sie erst ermöglichende Wissen ist ein Wissen davon, was man eigentlich von der überhaupt gegebenen Erfahrungswirklichkeit wissen will. Mit anderen Worten: bevor man zur Hypothesenbildung schreiten kann, muß man zunächst den grundlegenden Wissensgegenstand, den ›Bezugsrahmen‹, kennen, auf den hin die gegebene Wirklichkeit abstrahiert und generalisiert werden soll«[1]. Aus diesem für jede Erfahrungswissenschaft konstitutiven Verhältnis des Erkenntnisobjektes gegenüber der empirischen Hypothesenbildung erwächst für die Soziologie die Aufgabe einer erkenntnistheoretischen Reflexion darüber, was sie als Soziologie eigentlich wissen will und was ihr eigentliches Erkenntnisobjekt sein soll.
Mit der Bestimmung des soziologischen Gegenstandes ergibt sich zugleich ein weiteres begründendes Element für die Hypothesenbildung, nämlich die spezifische Methode, mittels derer Hypothe-

sen gebildet werden sollen. Diese Methode ist mit der Fixierung dessen, was man wissen will, implizit gegeben, da die begriffliche Bestimmung eines Erkenntnisobjekts ein Wissen um die dem zu erkennenden Gegenstand angemessene spezifische Erkenntnisweise mitenthält. Aus diesen Überlegungen resultiert, daß es die primäre Aufgabe der Soziologie (wie jeder anderen Wissenschaft) sein muß, ihr Erkenntnisobjekt und die mit diesem implizierte spezifische Erkenntnismethode zu bestimmen, weil die empirische Hypothesenbildung, um die es jeder Erfahrungswissenschaft gehen muß, nur auf Grund einer solchen Gegenstands- und Methodenbestimmung selbst vollzogen werden kann.

Obwohl wir dabei von der in der heutigen Soziologie dominierenden Theorie vom sozialen System ausgehen, konzipieren wir Gesellschaft nicht ausschließlich als ein weitgehend integriertes und statisches Netzwerk von sozialen Beziehungen, sondern versuchen, das rigide Begriffsinstrumentarium dieser Gesellschaftskonzeption zu relativieren. Die grundlegende Problematik von gesellschaftlicher Ordnung und sozialem Wandel steht im Mittelpunkt der Ausführungen; es ist Aufgabe des Buches, die sich vielfach ausschließenden Positionen einer »Gleichgewichts- und Stabilitätstheorie« und einer »Konflikt- und Wandlungstheorie« zu vermeiden und zu demonstrieren, daß die Konstruktion des soziologischen Gegenstandes gleichermaßen Beharrungs- wie auch Konflikt- und Wandlungstendenzen zu berücksichtigen hat.

Soziologie ist also demnach einerseits als Wissenschaft von den Voraussetzungen der Stabilität und Integration sozialer Handlungen zu begreifen, andererseits muß sie gleichermaßen darum bemüht sein, die gesellschaftlichen Prozesse zu analysieren, durch welche – unter Berücksichtigung der Desorganisations- und Auflösungserscheinungen – der Zustand eines Systems in einen anderen übergeführt wird. Diese Doppelnatur ist für den soziologischen Gegenstand konstitutiv und kann nicht durch apodiktische Entscheidung zugunsten eines Aspektes im begrifflichen Instrumentarium beseitigt werden.

Die Erörterung des Problems, welcher Gegenstandsbereich der Soziologie zukommt, kann an die Reflexion der Klassiker der allgemeinen Soziologie anknüpfen. Im Gegensatz zur geschichtsphilosophisch-enzyklopädischen Soziologie, zu der die vielfach als Begründer der Soziologie bezeichneten Männer wie A. Comte, H. Spencer und K. Marx zu rechnen sind, versuchte diese sogenannte formale Soziologie eine Lehre von den Formen der Gesellschaft zu entwickeln, losgelöst von den historischen Entwicklungen von Gesellschaften. Die formale Soziologie war bestrebt, »auf die letzten Elemente des gesellschaftlichen Lebens zurückzugehen; denn die Formen und Beziehungen, die mit allem gesellschaftlichen Leben verbunden sind . . ., sind derartige letzte Tatsachen des gesellschaftlichen Lebens oder lassen sich wenigstens als solche auflösen«[2]. Mit der Emanzipation der Soziologie von der Geschichtsphilosophie vollzog sich der Wandel zu einer Erfahrungswissenschaft, die sich jeglicher Belehrung über eine aus sozialen Entwicklungsgesetzen ableitbaren Handlungsverpflichtung enthielt und sich konzentrierte auf die Besinnung über die gegenständliche Struktur der gesellschaftlichen Tatsachen und die logische Eigenart der soziologischen Erkenntnisermittlung; die Aussagen beschränkten sich auf die Reichweite empirisch überprüfbarer sozialer Handlungen. Fast alle Begründer dieser modernen Soziologie wie E. Durkheim, M. Weber, G. Simmel, L. v. Wiese, F. Tönnies, A. Vierkandt, um nur einige zu nennen, trugen dazu bei, die Soziologie als systematische erfahrungswissenschaftliche Disziplin zu etablieren. Ein gut Teil der Geschichte der Soziologie ist eine Geschichte des Problems der Definition des soziologischen Gegenstandes und der Fixierung der entsprechenden Forschungsmethoden. Alle Autoren wußten sich darin einig, daß erst mit klarem Erkenntnisziel und klarer Erkenntnishaltung Wissen zu wissenschaftlicher Erkenntnis wird; deshalb stand hier die theoretische Besinnung über die Aufgaben der Soziologie im Brennpunkt der diversen Überlegungen; man bemühte sich, ein allgemeines Kategoriengerüst zu entwickeln, um zu wissen, was von der gesellschaftlichen Wirklichkeit zu analysieren sei.

Wie damals geht es auch heute nicht darum, noch nicht okkupiertes wissenschaftliches Terrain in der Welt der Tatsachen abzustecken. Da der Mensch in allen seinen Äußerungen als Gesellschaftswesen zu verstehen ist und deshalb viele Wissenschaften sich seiner angenommen haben, kann die Soziologie auch nicht einfach eine Sammlung der Ergebnisse der Wissenschaften vom Menschen, von der Kultur, der Gesellschaft und der Geschichte liefern, sondern muß durch Tatsachen, die als solche durchaus bekannt sein mögen, eine neue Linie legen. Gesellschaftliche Gegebenheiten sind einer neuen Abstraktion zu unterwerfen, mit eigenem Begriffsgerüst und eigener Methode, um Soziologie als selbständige Wissenschaft zu konstituieren.

Ausgehend von klassischen Positionen der sozialen Handlungstheorie wird das Buch also versuchen, durch Bestimmung des soziologischen Gegenstandes und Herausarbeitung eines Begriffsinstrumentariums Soziologie theoretisch zu verorten. Dabei werden wir Esoterik im Begrifflichen soweit als möglich vermeiden, aber andererseits auch nicht allzu sehr popularisieren und auf theoretisches Niveau verzichten. Eine übersichtliche, klare Gliederung, mit wenigen Hauptkapiteln, und eine deutliche Herausarbeitung der tragenden Begriffe sollen gerade auch dem Anfänger die Orientierung erleichtern.

Einführende Literatur in die allgemeine Soziologie

D. Barley, Grundzüge und Probleme der Soziologie, 3. Aufl. Neuwied 1968

A. Bellebaum, Soziologische Grundbegriffe. Eine Einführung für soziale Berufe, Stuttgart 1972

P. L. Berger, Einladung zur Soziologie, Olten und Freiburg i. Br. 1969

A. Cuvillier, Kurzer Abriß der soziologischen Denkweise, Stuttgart 1960

J. H. Fichter, Grundbegriffe der Soziologie, 3. Aufl. Wien und New York 1970

E. K. Francis, Wissenschaftliche Grundlagen soziologischen Denkens, 2. Aufl. München 1965

F. Fürstenberg, Soziologie, Berlin und New York 1971

H. M. Johnson, Sociology. A systematic Introduction, 5. Aufl. London 1966

J. Leclerq, Introduction à la sociologie, 2. Aufl. Löwen 1959

J. Matthes, Einführung in das Studium der Soziologie, Reinbek b. Hamburg 1973

E. K. Scheuch, Th. Kutsch, Grundbegriffe der Soziologie. Bd. 1: Grundlegung und elementare Phänomene, Stuttgart 1972

J. Wössner, Soziologie. Einführung und Grundlegung, Wien/Köln/Graz 1970

I. Gegenstand der Soziologie

1. Soziales Handeln

Gegenstand der Soziologie ist das soziale Handeln. Die Erläuterung dieses Begriffes setzt zunächst eine Besinnung auf die Bedeutung des logisch allgemeineren Handlungsbegriffes voraus. Die Definition knüpft zumeist an die Bestimmung M. Webers an: »›Handeln‹ soll . . . ein menschliches Verhalten (einerlei ob äußeres oder innerliches Tun, Unterlassen oder Dulden) heißen, wenn und insofern als der oder die Handelnden mit ihm einen subjektiven Sinn verbinden«[3]. Handeln ist also menschliches Verhalten, wobei der Begriff des Menschlichen durch den des sinnhaften Verhaltens expliziert wird. Sinn heißt nun bei M. Weber soviel wie Ziel: d. h., man kennt den mit einem menschlichen Verhalten verbundenen Sinn, wenn man weiß, worauf es subjektiv abzielt. Sinn qua Ziel einer Handlung kann alles das sein, dessen Verwirklichung dem Handelnden a) als nützlich, b) als von sich aus wertvoll und c) als affektuell befriedigend erscheint, wobei freilich im konkreten Handeln alle diese Momente miteinander verquickt und, wenn überhaupt, schwer zu differenzieren sind.

Vom Ziel ist die verstandesmäßige und tatsächliche Konkretisierung des Zieles in Zwecken zu unterscheiden; »Sinn« in der Bedeutung von »Ziel eines Handelnden« wird also in Zwecksetzungen konkretisiert. So manifestiert sich das utilitarische Ziel, sich vor Kälte zu schützen, in dem Gebrauch von Kleidern, das werthafte Ziel, einem Menschen das Leben zu retten, in bestimmten zweckrationalen Rettungsmaßnahmen, das affektuelle Ziel, seinen Ehrgeiz zu befriedigen, in Aktionen, die auf Erfolg an der Arbeitsstätte gerichtet sind. »Sinn« in der Bedeutung von »Ziel« impliziert also fast immer auch die Bedeutung von »Zweck«, da zum Handlungsziel die Konkretisierung in Zwecksetzungen gehört.

Die Handlung als sinnbezogener Akt setzt sich aus zwei begrifflich voneinander zu scheidenden Elementen zusammen: dem Handlungsentwurf als verstandesmäßiger Antizipation des Handlungszieles und seiner zweckhaften Konkretisierung sowie der Handlungsrealisierung als Verwirklichung des vom Handelnden verstandesmäßig konzipierten Zieles und Zweckes. Entwurf und Durchführung bilden erst in ihrer Einheit die Handlung, wobei der Entwurf als Bestimmungsgrund für die Realisierung anzusehen ist.

Für den Entwurf der Handlung sind mehrere Momente konstitutiv; zunächst die Vorstellung über den gegenwärtigen Zustand der Gegebenheiten, d. h. die Ausgangslage der Situation, und dann über die Möglichkeiten und die Mittel, wie der gegenwärtige Zustand verändert und in den zukünftigen übergeführt werden kann. Der Handlungsentwurf wird durch die Kenntnisse des Handelnden über die Situation mitbestimmt. Zudem steuern einerseits Meinungen, Einstellungen und Attitüden das Handeln, andererseits üben Werte, an denen sich der Aktor orientiert, Einfluß aus auf die Wahl der Ziele und Zwecke.

Bei der Handlungsrealisierung als Bedingtheit des Handlungsentwurfes ist wichtig, daß die Realisierung sich auf andere, unabhängig von der Intention des Handelnden verlaufende Prozesse und Gegebenheiten bezieht. Beide Wirkungen, die von dem Handelnden intendierte und die unabhängig davon verlaufende, treten in eine Wechselwirkung. Dabei versucht der Handelnde kraft des von ihm initiierten, final gesteuerten Handlungsprozesses jene anderen, unabhängig vom Handelnden verlaufenden »äußeren« Faktoren dahin zu modifizieren, daß das entworfene Handlungsziel tatsächlich erreicht wird.

Die Realisierung des Handlungsablaufs kann auch in mehreren zeitlich aufeinanderfolgenden Teilakten geschehen, die als intendierte Zwecke des einen Grundaktes anzusehen sind. Generell ist zu sagen, daß der faktische Handlungsablauf freilich zu Modifikationen oder gar zur Aufgabe des ursprünglichen Handlungsentwurfs führen kann, wenn z. B. für den Handelnden unverhoffte Folgen eintreten oder situationsbedingte Widerstände die Realisierung verhindern.

Nachdem die wesentlichen Momente des allgemeinen Handlungsbegriffs geklärt sind, läßt sich der logisch untergeordnete Begriff der sozialen Handlung bestimmen. Für ihn ist nach M. Weber konstitutiv der Sinnbezug des Handelnden auf andere Handelnde. »›Soziales‹ Handeln . . . soll ein solches Handeln heißen, welches seinem von dem oder den Handelnden gemeinten Sinn nach auf das Verhalten anderer bezogen wird und daran in seinem Ablauf orientiert ist«.[4] Wichtig ist hier, daß der Handelnde das Verhalten anderer in seinem Handlungsentwurf und bei der Handlungsrealisierung in Rechnung stellt. Die Kategorie des sozialen Handelns umgreift also nicht die Gesamtheit menschlicher Handlungen, sondern nur jenes Verhalten von Personen, das auf andere Menschen gerichtet ist und sich an ihrem Verhalten orientiert. Dabei ist die Orientierung am Verhalten anderer in der Regel wechselseitig, d. h., der andere, an dessen Verhalten ein Handelnder orientiert ist, orientiert sich seinerseits an egos Handeln. Der Entwurf und die Realisierung des einen Handlungssinns sind auf den Entwurf und die Realisierung des anderen bezogen und umgekehrt. Man nennt ein solches wechselseitig aufeinander bezogenes Handeln eine soziale Interaktion. Das soziale Handeln ist also auf ein alter ego, auf den Mitmenschen, als Part oder Widerpart, gerichtet, wobei dieser sich seinerseits auch an dem anderen orientiert, also Reziprozität des Handelns herstellt.

Soziologie ist nach diesen Einsichten eine Wissenschaft, die sich mit zwischenmenschlichen Wechselwirkungen zu befassen hat. Viele Klassiker der Soziologie in Deutschland haben Soziologie in dieser Weise begriffen: so z. B. L. v. Wiese, der die Wechselwirkungen der Menschen in Formen des Zu- und Auseinander, der Anziehung und Trennung, zu differenzieren versuchte.

In ähnlicher Weise wie M. Weber begreift auch die neuere soziologische Handlungstheorie die soziale Handlung als kleinste analytische Einheit. Diese setzt sich zusammen aus den Segmenten Aktor, Ziel, Wertorientierung und Situation. Werte wirken kontrollierend auf Ziele und Situationsfaktoren ein. Subjektive Entscheidungen werden nicht nur aus purem Lust- und Nutzenstreben gefällt, vielmehr unterliegen Bedürfnisse und Interessen einer Reihe von wertenden Regeln und Auswahlkriterien: Jede Entäußerung menschlicher Subjektivität in Handlungen ist auf den auswählenden und kanalisierenden Beistand von Werten verwiesen. Die Situation im Falle des sozialen Handelns zeichnet sich dadurch aus, daß der Handelnde sich einem Handlungsobjekt gegenübersieht, das zugleich Handlungssubjekt ist. Alters Erwartungen in bezug auf ego erhalten motivationale Bedeutung für das Handeln egos. Will ego seine Ziele gegenüber alter erreichen, so muß ego auch alters Erwartungen an ego kennen und ihnen durch sein Handeln gerecht werden. Der Erfolg des Handelnden hängt davon ab, ob er die möglichen Reaktionen der Partner und deren Erwartungslage richtig erkennt und einkalkuliert.

Wenn ego der Reaktionen alters einigermaßen sicher sein will, müssen sich bei diesem relativ stabile Handlungsbereitschaften ausgebildet haben, sogenannte Attitüden. Ego muß lernen, die einzelnen Handlungen seiner Partner nicht isoliert zu sehen, sondern als Ausdruck der zugrundeliegenden Haltung ihm gegenüber. Da die Handlungsmotive sehr oft in festen Bedürfnisdispositionen und Werten organisiert sind, werden soziale Handlungen eher einschätzbar.

Die interaktionistische Handlungstheorie erhellt, daß ein Handelnder auf das Handeln anderer nicht wie auf einen Reiz reagiert, sondern es deutet vor und in seinem Handeln, unter Einsatz der ihm verfügbaren Bedeutungspotentiale; Interaktion ist also ein interpretativer Prozeß, in dem die Handelnden sich aufeinander beziehen durch sinngebende Deutungen dessen, was der andere tut oder tun könnte, wobei die Handelnden wechselseitig ihre Handlungen als Ausdruck eines ihnen zugrundeliegenden Musters verstehen.

Vielfach führen Interaktionen zweier Handelnder zu festen Beziehungsstrukturen, indem sich Verhaltensmuster herausbilden, die von beiden Seiten als verpflichtend für beide bzw. nur einen der Partner akzeptiert werden. Zahlreiche Theoretiker, speziell des sogenannten symbolischen Interaktionismus, waren bemüht, die Entstehung von Verhaltensmustern in dyadischen Beziehungen zu untersuchen. Als Beispiel sei in diesem Zusammenhang eine Kernstelle aus einem Buch von P. L. Berger und Th. Luckmann angeführt: »Sobald A und B wie auch immer interagieren, produzieren sie sehr bald Typisierungen. A beobachtet genau, was B wie tut. Er unterstellt B's Handlungen Beweggründe und typisiert diese, sobald er sieht, daß die Handlung wiederkehrt, ebenfalls als wiederkehrend. Agiert B weiter, so ist A bald in der Lage, sich zu sagen: »Das wär's also wieder einmal«. Gleichzeitig kann A dasselbe von B im Hinblick auf sich, A, annehmen. Von Anbeginn nehmen A und B die Reziprozität ihrer Typisierungen an. Im Verlauf ihres Verkehrs miteinander kommen ihre beiderseitigen Typisierungen in typischen Verhaltensmustern zum Ausdruck. Das heißt, A und B beginnen, ihre Vis-à-vis-Rollen zu spielen. Dazu muß es kommen, selbst wenn keiner von beiden von Handlungen abläßt, die anders sind als die des anderen. Die Möglichkeit, in die Rolle des anderen zu schlüpfen, taucht erst auf, wenn beide dieselben Handlungen vollziehen möchten. Das heißt, daß A sich innerlich B's Rollen zu eigen macht und zum Vorbild für sein eigenes Rollenspiel nimmt. B's Rolle zum Beispiel beim Zubereiten von Speisen wird nicht nur als solche von A typisiert, sondern sie hält Einzug in A's eigene Rolle als Zubereiter von Speisen, und zwar als ein grundlegendes Element gewohnheitsmäßigen Verfahrens. So entsteht allmählich eine ganze Kollektion wechselseitig typisierter Handlungen, die sich zu Rollenspiel verdichten, wobei einige Rollen getrennt, andere wiederum miteinander gespielt werden«.[5]

Wesentlich für eine Weiterführung des Begriffs vom sozialen Handeln ist jedoch die Erkenntnis, daß das Modell der Entstehung von Handlungsregelmäßigkeiten in dyadischen Beziehungen nicht erklären kann, warum bei zwischenmenschlichen Beziehungen vieler

Menschen, ganzer Gruppen und Gesellschaften, die wechselseitigen Erwartungen nicht enttäuscht werden, wie es also hier zu wechselseitig aufeinander bezogenen Handlungen kommt, die ein sehr hohes Maß an stabilem und dauerhaftem Ablauf aufweisen.

Im Falle der dyadischen Beziehung kennen beide Handelnde den Entstehungsprozeß der Verhaltensmuster, so bleibt der Routinehintergrund für zukünftige Interventionen leicht erreichbar: sei es, daß einer einfach auf die Erwartungen des anderen einging, oder aber einer über größeren Einfluß verfügte und sich durchsetzte, sei es, daß die Verhaltensmuster in Konflikten und nach Kompromissen geschaffen wurden etc. Zwei, die in einer Situation der Ungewißheit stabile Handlungen schaffen, muten sich selbst diese Handlungen zu; sie sind ausschließlich verantwortlich für deren Existenz. Es besteht also leicht die Möglichkeit, die Handlungsmuster zu ändern oder ganz aufzuheben.

Sind jedoch die Aktionen nicht mehr Handlungen der jeweiligen Produzenten, so haben sie in ganz anderem Maße eine eigene Existenz, sind nicht mehr so beliebig variierbar. Die Übernahme von Handlungsmustern durch Dritte ist ein entscheidendes Moment, gewinnt doch eine Handlung, die zunächst eine ad-hoc-Konzeption zweier Handelnder war, eine neue Qualität, die der Objektivität. Für den Dritten, besonders für die nachfolgende Generation, sind die Handlungen als bestehende Ordnung vorgegeben; er übernimmt ja Akte, deren Gewinnung er nicht mitvollzogen hat. Dritte sind einfach auf die objektive Welt verwiesen; sie orientieren sich an existenten, nicht in eigenen Erfahrungen geschöpften Wissensbeständen. Handlungsmuster werden als über und jenseits der Person seiend erlebt, die sie »zufällig« im Augenblick verkörpert; die Verhaltensweisen sind etwas, das seine eigene Wirklichkeit hat und dem Menschen als äußeres, zwingendes Faktum gegenübertritt. Sobald die Handlungen Gegenständlichkeit und Geschichtlichkeit gewonnen haben, sind sie nicht mehr so einfach verständlich, sie müssen erklärt werden und bedürfen einer Legitimation. Zusammenfassend ist zu sagen: die Handlungsweisen stellen gegenüber dem Individuum den Anspruch auf Autorität und müssen ihn stellen, ungeachtet des subjektiv gemeinten Sinns, den der einzelne mit einer Situation verbindet.

Glaubte M. Weber in vielen Passagen seines Werkes, die Handlungsregelmäßigkeiten aus der Subjektivität des gemeinten Sinnes von Handelnden ableiten zu können, so gibt er an vielen Stellen die richtige Erklärung: Regelmäßigkeiten sind so zu begreifen, daß sich Handeln an der Vorstellung der Geltung einer Ordnung

orientiert. Regelmäßigkeit ist so sinnvoll dem Phänomen der Verhaltensregelung abgewonnen, nicht dem Merkmal des subjektiv gemeinten Sinnbezugs auf das Verhalten konkret anderer[6].
Es geht hiernach nicht ausschließlich um das Moment des Zwischenmenschlichen und der gegenseitigen Handlungsorientierung, sondern zentral auch um die vom einzelnen Handelnden unabhängige Bedeutung des Sinns der Handlungen in Form des Bezugs auf überindividuelle Handlungsmuster und -schemata. Die Chance, wie M. Weber formuliert, daß in einer angebbaren Art aufeinander eingestelltes Handeln stattfindet, beruht auf einer verhältnismäßig dauerhaften, gesellschaftlich vermittelten Werthaltung von Personen, deren Handlungsmuster sich so voraussagen lassen.
Sinn ist also zu beziehen auf überindividuelle, den einzelnen transzendierende Orientierungen, die mehreren Menschen gemeinsam sind. E. Durkheim schreibt: »Wir finden also besondere Arten des Handelns, Denkens, Fühlens, deren wesentliche Eigentümlichkeit darin besteht, daß sie außerhalb des individuellen Bewußtseins existieren. Diese Typen des Verhaltens und Denkens stehen nicht nur außerhalb des Individuums, sie sind auch mit einer gebieterischen Macht ausgestattet, kraft deren sie sich einem jeden aufdrängen . . .«.[7] Üben die Regelungen durch ihre bloße Faktizität bereits eine zwingende Macht aus, so werden die Verhaltensmuster aber zusätzlich zumeist durch ein soziales Kontrollsystem gestützt, indem abweichendes Verhalten bestraft wird durch die Autoritäten und/oder die Mitglieder einer Gruppe. Soziales Handeln heißt hier also Orientierung an Werten und Normen einer Sozialeinheit, sei diese eine Gruppe oder eine ganze Gesellschaft.
Soziologie bedeutet nach dieser Konzeption, im zwischenmenschlichen Zusammenleben über den Einzelfall und die Einzelperson hinausgehende Regelungen zu erforschen; der Sinngehalt der Verhaltensregelung ist ebenso unabhängig von den subjektiven Interessen und Absichten der Handelnden wie von der Orientierung am erwarteten Handeln der von Interessen und Absichten geleiteten anderen. Regelungsinhalte sind nicht nur als Implikationen in der Subjektivität des gemeinten Sinnes konkret Handelnder gegeben; die Regelungsinhalte überdauern in ihren Grundzügen die ihnen unterworfene individuelle Existenz, d. h., sie sind nicht nur in ihr, sondern vor ihr und nach ihr. In der Verhaltensregelung liegt die Chance des Handelnden, einigermaßen zutreffend das Handeln anderer abzuschätzen.
Soziologische Tatbestände sind also Phänomene, die eine von ihrer individuellen Realisation unabhängige Eigenexistenz besitzen und aus dieser ihrer Exteriorität heraus auf das handelnde Individuum

einen verhaltensdeterminierenden Einfluß ausüben. Ein solches soziales Handeln nennt man in der Soziologie zumeist ein institutionalisiertes Verhalten.

Soziales Handeln im Sinne von institutionalisiertem Handeln ist also eine objektive Wirklichkeit, die in vieler Hinsicht mit objektiven Gebilden gegenständlicher Kultur Gemeinsamkeiten aufweist: beide Phänomene überdauern in der Regel die einzelnen Menschen, sie sind deren verändernden Zugriffen in sehr hohem Maße entzogen und lassen sich als verstehbare Sinnstrukturen deuten. Trotz dieser Verdinglichung gewinnt das soziale Handeln keinen neuen ontologischen Status, der von jenem menschlichen Tun, wie es das bereits beschriebene zwischenmenschliche Handeln darstellt, grundlegend verschieden wäre. Auch das institutionalisierte Verhalten ist eine vom Menschen geschaffene Wirklichkeit, allerdings ist der Mensch seinerseits wiederum deren Produkt, indem die institutionalisierten Verhaltensmuster auf ihn einwirken. Es besteht eine dialektische Beziehung zwischen dem Menschen als Hervorbringer der Objektivationen und dem objektivierten Handeln als den Hervorbringungen. Handlungen sind also nicht geistig-gegenständliche Gebilde, Nicht-Leben, sondern Formen des sozialen Lebens, deren Träger menschliche Psychen sind. Diese menschlich-sozialen Handlungsformen sind werdende, geschichtliche Erscheinungen, transzendiert doch alle gesellschaftliche Ordnung in Richtung auf andere, veränderte gesellschaftliche Lagen.

Die Notwendigkeit, daß soziales Handeln sich weitgehend als institutionalisiertes Verhalten vollzieht, wird aus anthropologischen Erkenntnissen über die Besonderheit des menschlichen Wesens verständlich. Die Anthropologie hebt die »Plastizität« und »Weltoffenheit« (M. Scheler und A. Gehlen) als zentrale Merkmale menschlichen Wesens hervor. Anders als das Tier ist der Mensch nicht mit seiner Umwelt durch Auslöseschemata und dazu passende instinktive Bewegungen verzahnt; mit Hilfe seiner dranghaften, nicht auch bewegungsförmig geprägten Instinktresiduen allein vermag er sich nicht zurechtzufinden. In dieser Unfertigkeit und Unbestimmtheit tritt der Mensch sich selbst reflektierend gegenüber, rückt in eine »exzentrische Position« (H. Plessner), und muß sich selbst erst bestimmen, wobei die sozio-kulturellen Identifikationsangebote helfen, zu erfahren, wer er ist, was er tun soll etc. Als besonders wichtig für die Beschränkung der kolossalen Offenheit des Handelns und die Sicherheit der Handlungsorientierung erweisen sich die sozialen Objektivationen, deren Vorentscheidung und Selbstverständlichkeit eine außergewöhnliche

psychische Entlastung bringen.[8]. Indem dem Individuum und den Gruppen feste Verhaltensmuster zur Regulierung ihrer Bedürfnisse bereitgestellt werden, entsteht ein »Triebüberschuß« und setzt die Menschen für andere kulturelle Leistungen frei. Das institutionalisierte Verhalten gestattet eine größere Entfaltung der Subjektivität, denn nur dann können sinnvoll subjektive Orientierungen und Bewertungen vorgenommen werden, wenn Routineentscheidungen eingeschliffen sind und übergroßem Entscheidungsdruck durch die Hilfe sozialer Normen und Verhaltensmuster vorgebeugt wird.
Andererseits besteht die Gefahr, daß die sozio-kulturellen Handlungsschemata die Motive des einzelnen so vollkommen bestimmen, daß er keinen eigenen gesellschaftlichen Standort mehr gewinnt. Die Handlungsobjektivationen sind also sowohl als Bedingung wie auch als Bedrohung der Freiheit und Spontaneität der Individuen zu interpretieren.
Da der Mensch nur in wenigen Grenzfällen als fast gänzlich von objektiven Verhaltensmustern determiniert begriffen werden darf, muß bei allen Abhängigkeiten von Handlungsregulativen die grundlegende Freiheit des Menschen in bezug auf die Maximen seines Handelns in die Konstruktion des soziologischen Gegenstandes einbezogen werden. Gesellschaft ist in vielen Bezügen tatsächlich objektive Faktizität, wird aber auch in vielen Bereichen konstituiert durch ein soziales Handeln, das gekennzeichnet ist durch den subjektiv gemeinten Sinn in Orientierung auf das erwartete Verhalten anderer. Es ist gerade der Doppelcharakter der Gesellschaft als objektive Faktizität wie subjektiver Sinn, der die Realität des Gesellschaftlichen ausmacht. Soziale Tatbestände sind nicht einfach als Sonderfälle individueller Motivation und Zielsetzung zu verstehen, andererseits gilt, daß von dem Phänomen der einzelmenschlichen Motivation nicht abzusehen ist: Formen der emotionalen und rationalen Selbständigkeit gegenüber normativen Erwartungen der Gesellschaft sind durchaus zu berücksichtigen. Das Individuum hat die Chance, seine individuellen Entscheidungen gegen normative Zwänge durchzusetzen und vermag damit Impulse zu geben, die, zumal wenn sie sich kollektiv organisieren, zu Anstößen und Gestaltungskräften des sozialen Wandels werden können. Soziologie sieht sich einem Objekt gegenüber, das eine Kombination von Kräften der Beharrung und Veränderung darstellt. Es existiert keine problemlose Übereinstimmung zwischen individuellen Motiven und institutionellen Werten, sondern eine spannungsgeladene Auseinandersetzung zwischen der Bedürfnis-Interessen- und subjektiven Wertorientierung einerseits und den normativen Forderungen der sozialen Gruppen und der Gesellschaft

andererseits. Wenn die Menschen im allgemeinen jene Triebe, Bedürfnisse und Interessen unterdrücken, die gegen die normativen Beschränkungen gerichtet sind, so geben sie ihnen aber auch häufig Ausdruck, und es kommt zu Opposition und Konflikt. Jeder Mensch hat ja mehrere gesellschaftliche Standorte und orientiert sich an vielen Bezugssystemen sozialer Gruppen, so daß er von daher fähig ist, sein Handeln zu verändern und Konflikte auszutragen. Zwar gibt es im Bereich des Sozialen viel qua Regelung Konstantes und Vorhersagbares, aber auch viel Unsicherheit und Inkonsistenz. Soziale Dauer und sozialer Wandel, Statik und Dynamik, kennzeichnen das soziale Leben. Die Handlungsschemata ändern sich, was ihren sozialen Wert, ihre Verbreitung und ihren sozialen Druck anbelangt: Der Wert bezeichnet das Ausmaß, in dem Wertmuster in den Augen einer Gruppe oder Gesellschaft wichtig sind, der soziale Druck das Maß, in dem das in Frage stehende Verhalten unter Sanktion steht, die Verbreitung das Ausmaß, in dem die Handlungsschemata befolgt werden.

Wird also in der Soziologie der soziologische Gegenstand bestimmt, so sind auf alle Fälle beide Konzepte vom sozialen Handeln zu beachten. Allerdings ist das institutionalisierte Handeln der im engeren Sinne soziologische Gegenstand, weil nur von hier aus Sozialeinheiten zu begreifen sind.

Zur ersten Orientierung

M. Argyle, Soziale Interaktion, Köln 1972

P. L. Berger, Th. Luckmann, Die gesellschaftliche Konstruktion der Wirklichkeit. Eine Theorie der Wissenssoziologie, Stuttgart 2. Aufl. 1971

E. Durkheim, Die Regeln der soziologischen Methode, hrsg. v. R. König, Neuwied und Berlin 2. Aufl. 1965

A. Gehlen, Der Mensch, Bonn 1962

H. Girndt, Das soziale Handeln als Grundkategorie erfahrungswissenschaftlicher Soziologie, Tübingen 1967 (Veröffentlichungen des Max-Weber-Instituts der Universität München Bd. 1)

H. Haferkamp, Soziologie als Handlungstheorie, Düsseldorf 1972 (Studienbücher zur Sozialwissenschaft Bd. 2)

M. Weber, Wirtschaft und Gesellschaft. Grundriß der verstehenden Soziologie, Köln und Berlin 1964 (Studienausgabe in 2 Bänden)

Ausgangspunkt für die Bestimmung des Gesellschaftlichen als soziales System ist die Konzeption vom institutionalisierten Handeln. Handeln nach verpflichtenden Wertmustern ist konstitutiv für die systemtheoretische Bestimmung von Sozialeinheiten, also von Gruppen oder ganzen Gesellschaften. Das Individuum als physisch-psychisches Wesen kann nicht als Grundelement des Handelns in sozialen Einheiten angesehen werden; zur Definition einer Sozialeinheit sind die Individuen vielmehr unter dem Aspekt ihrer Relation zu normativen Regelungen zu betrachten, der aus Einzelpersonen nicht zu deduzieren ist. Bezeichnet man ein Individuum als Angehörigen einer Gruppe, so ist der normative Aspekt, die Orientierung an Verhaltensmustern, impliziert. Sozialeinheiten kann man also nicht durch die ihnen angehörigen Individuen bestimmen, sondern durch die stabilisierten Verhaltensmuster, nach denen die einzelnen als Gruppenmitglieder handeln. Dieser relationale Bezug kann zwar nicht ohne Personen bestehen, stellt aber einen eigenen Erkenntnisgegenstand dar.

Wesentlich für die Bestimmung einer Sozialeinheit ist nun, daß die normativen Handlungsschemata auf die der Sozialeinheit eigenen Ziele hingerichtet sind. Diese Zusammenordnung sozialer Teilhandlungen innerhalb eines Zielzusammenhangs bezeichnet man als soziale Struktur, wohingegen unter einem sozialen System eine kleinere oder größere Handlungseinheit betrachtet wird, die jeweils eine bestimmte Verhaltensstruktur besitzt. Interaktionen sind also Bestandteile sozialer Systeme, d. h. von menschlichen Handlungsgefügen, die relativ große Geschlossenheit aufweisen und gegen andere Systeme abgrenzbar sind. Die Handlungen tragen funktional zur Aufrechterhaltung der Ziele des Systems bei. Soziale Systeme sind Sinnsysteme, die eine bestimmte Struktur zeigen, d. h. eine relativ stabile Zueinanderordnung von Funktionen. Soziologie ist hiernach die Wissenschaft vom sozialen Handeln, das als geregelt-normatives Netzwerk von Interaktionsbeziehungen in funktionaler Zielgerichtetheit abläuft.

Die Systemtheorie geht vom Konzept einer komplexen Ganzheit aus. Ihre kleinsten Bestandteile sind nicht isolierte Partikel, sondern nur aus ihrem Platz im umgreifenden System zu verstehen. Die Systemtheorie schließt jeden Reduktionismus aus, d. h. den Versuch, das System aus den Eigenschaften seiner Elemente zu erklären: vielmehr wirkt in jedem System der Faktor »Organisation«, der irreduzibel ist auf Eigenschaften der Teile. Gesellschaft ist also eine strukturierte Ganzheit, deren Teile spezifische Aufgaben für die Ziele des Systems ausüben: die Subsysteme sind funktional koordiniert mit dem jeweiligen Hauptsystem. Die innere Ordnung eines Subsystems, seine nach Teilfunktionen gegliederte Struktur, leitet sich aus seinem Platz im Funktionsmechanismus des Gesamtsystems her. Jedes System hat nach außen, im Verhältnis zur Umwelt, ebenso wie innerhalb der eigenen Grenzen Probleme zu lösen. Es strebt einerseits bestimmte Zwecke an und produziert andererseits geeignete Mittel und geistige Bedingungen, diese Zwecke zu erreichen.

Jedes System hat also mehreren funktionalen Erfordernissen gerecht zu werden und ist deshalb zu differenzieren nach Strukturbereichen, die auf bestimmte funktionale Prozesse hingerichtet sind. Ein solcher Funktionsbereich kann wieder vielfach segmentiert sein in eine Reihe von Handlungseinheiten, die alle eine ähnliche Funktion konkret ausüben. So ist z. B. die Institution der Familie eine mit spezifischen Funktionen betraute Substruktur des sozialen Systems Gesellschaft und wird durch eine Vielzahl von Segmenten, d. h. Einzelfamilien, repräsentiert.

Wegweisend für die Entwicklung der strukturell-funktionalen Theorie sozialer Systeme waren die Arbeiten von T. Parsons.[9] Unter der Institutionalisierung von Handlungen versteht Parsons, daß gesellschaftlich verbindliche Regelungen die Verhaltensweisen der Individuen im Rahmen sozialer Systeme bestimmen. Ein solches gesichertes Interaktionsgeflecht ist der Mechanismus, der für die Erfüllung der funktionalen Erfordernisse des Systems sorgt. Einheiten des Systems sind nicht die Individuen, sondern die sozialen Rollen, also »Orte« und damit verbundene Handlungsorientierungen. Die Persönlichkeit ist in Parsons' Modell der Determination durch das soziale System unterworfen und bildet eine taugliche Bedingung für das Funktionieren des Systems.

Die Hauptprobleme eines jeden Systems sind: »Zielverwirklichung, Anpassung, Integration, Spannungsregelung und Mustererhaltung«. Die »Zielsetzung« beinhaltet den Endzweck der System-Situation-Beziehungen, die »Anpassung« besorgt die dafür geeigneten Mittel und Bedingungen, die »integrativen« Vorgänge beziehen sich auf die Regulierung der innersystemischen Relationen, die »Spannungsregulierung und Mustererhaltung« betreffen die für die Erhaltung der inneren Systemintegration bedeutsamen Verhaltensmuster und motivationalen Ressourcen.

Wichtig für die Parsonsche Systemkonzeption ist, daß die Probleme der Zielerreichung und Anpassung sich nur innerhalb eines Kraftfeldes bewegen dürfen, das um die normative Zielstruktur herum aufgebaut ist. Diese ist die zentrale Regelinstanz als auch der eigentliche funktionale Bezugspunkt aller sozialen Prozesse. Alle funktionalen Erfordernisse des sozialen Systems sind letztlich auf die Imperative zurückzuführen, die das normative Gefüge sichern. Das gesellschaftliche Wertsystem, das die divergierenden Einzelmeinungen begrenzt und auf gemeinsame Ziele lenkt, ändert sich über lange Zeit nicht, fächert sich aber in differenzierte Anwendungen der Subsysteme aus, wie es konkreten funktionalen Aufgaben und situativen Bedingungen entspricht.

Soziale Systeme tendieren nach T. Parsons dazu, ihre Wert- und Zielstruktur, die die Einheit des Systems konstituiert, zu erhalten und zu stabilisieren. Eine Art »Trägheitsgesetz« sorgt dafür, daß das System mit sich selbst im Kern identisch bleibt. Diejenigen Systemelemente und -prozesse sollen untersucht werden, die Bedeutung haben für einen kontinuierlichen Vorgang der Gleichgewichtserhaltung und damit Stabilitätssicherung des Systems. Auf eine Störung erfolgt stets ein neuer Gleichgewichts- und besser angepaßter Systemzustand. Heuristisch und faktisch wird angenommen, daß die Organisation des Systems, d. h. die Beziehungsmuster seiner Elemente und seiner grenzüberschreitenden Außenbeziehungen, konstant bleibt und sich kontinuierlich, unter Minimalisierung von Spannungen und Brüchen, innerhalb der Systemstruktur entwickelt. Die funktionale Methode dient präsentisch der Analyse solcher sozialer Erscheinungen und Vorgänge, die die Intaktheit des jeweiligen Systems betreffen. T. Parsons begreift also den je gegebenen Zustand eines Handlungssystems als spezifische Differenzierungsform einer im Prinzip seit jeher identischen und nicht weiter auf ihre Entstehungsbedingungen hinterfragten Grundstruktur.

Soziale Systeme sind jedoch nicht als beinahe vollkommen integrierte Gebilde zu verstehen, die zeitlichen Veränderungen kaum unterliegen.[10] Zunächst ist es durchaus nicht so, daß die funktionalen Systemprobleme den damit betrauten Rollen immer entsprechen. Bei T. Parsons bleibt außer acht, daß viele Rollenstrukturen, verglichen mit realisierbaren Alternativen, für die Systemaufgaben nur mangelhaft taugen. Der je gegebene Systemzustand sollte nicht auf Grund seines Soseins für funktional notwendig gehalten werden. Es existieren also vielfach Spannungen zwischen Rollen und Systemaufgaben, zwischen Subsystemen und System. Die Interpretation, Interaktionen als Gerüst funktionalen Handelns zu verstehen, übersieht allzu leicht, daß Normen vielfach im Widerspruch stehen zu den Werten, die sie erfüllen, und den Aufgaben, die sie lösen sollen. Einzelne Bereiche des Systems können sich der Systemkontrolle entziehen und durch ihr abweichendes

Verhalten zu Systemwandel Anlaß geben. Je mehr funktionale Autonomie Systemeinheiten besitzen, desto mehr ist die Zwangsläufigkeit des Systemgeschehens ständig durch die Eigenziele der Untersysteme in Frage gestellt.

Systeme müssen sich auch schon deshalb in einzelnen Strukturbereichen wandeln, weil sie nicht fast ausschließlich in ihren internen Beziehungen und die Umwelt nur als Quelle von Störungen zu sehen sind, die das Gleichgewicht des Systems bedrohen. Es handelt sich beim System ja nicht allein um die Interdependenz der Teile im Rahmen eines Ganzen wie in der ontologischen Systemauffassung, wo System definiert ist durch die Begriffe Ganzes, Teil und Beziehung, sondern Systeme sind umweltoffen, und eines ihrer zentralen Handlungsprobleme besteht darin, durch selektive Austauschprozesse mit der Umwelt bestehen zu können. Technischer Fortschritt kann z. B. ein soziales System, will es seine Zielstruktur aufrechterhalten, zwingen, in Anpassung an diese Innovationen Rollen als funktionsinadäquat zu erkennen und neue Muster der Interaktion zu entwickeln.

Weiterhin ist gegen T. Parsons einzuwenden, daß das Handeln der einzelnen nicht in toto abgeleitet werden kann aus den Funktionsnotwendigkeiten sozialer Systeme. Personelle Strukturen und Prozesse sind nicht nur von Bedeutung im Hinblick auf die Funktionserfordernisse sozialer Systeme; Individuen sind sehr oft schlecht sozialisiert und entsprechen häufig nicht den Normen des gesellschaftlichen »Organismus«. Es existieren Widersprüche zwischen individuellen Bedürfnissen und Interessen und sozialen Handlungserwartungen, finden doch die Ansprüche der einzelnen nicht immer ihre optimale Erfüllung in rollengemäßem Verhalten. Diese Entfremdung von Verhaltenserwartungen des Systems darf nicht als Defekt der betreffenden Persönlichkeit interpretiert werden; das abweichende Verhalten ist ein Konfliktpotential, das zu innovativen Veränderungen führen kann.

Die Existenz abweichenden Handelns macht deutlich, daß soziale Systeme nicht zu verstehen sind als Automaten, deren Abläufe vollkommen aus ihrem genormten Programm zu erklären sind. Eine soziologische Analyse würde zu kurz greifen, wollte sie die in ein soziales System eingehenden Antriebe von Individuen und Gruppen, zumal die unter die Systemwerte nicht subsumierbaren Motive, nur als Probleme auffassen, die mit Spannungsregulierung und Mustererhaltung zu meistern wären. Vielmehr entscheiden diese Interessen und Bedürfnisse über die weitere Entwicklungsrichtung der Systemstruktur mit. Wenn Motive sich zu Orientierungsnormen von Gruppen verfestigen, können sie zum Motor des Systemwandels werden. Solche qualitativ-strukturellen Veränderungen sind in der soziologischen Analyse zu berücksichtigen. Die Vorstellung eines langfristig mit sich selbst weitgehend identischen sozialen Gebildes verbirgt die Bedeutung wechselnder geschichtlicher Interessen- und Machtgruppierungen und wird auch nicht der Vielzahl von innovativen Kraftpotentialen innerhalb sozialer Systeme gerecht. Trotz der relativ festen Strukturen sozialer Systeme sind diese doch wandlungsfähig; es handelt sich eben um Sinnzusammenhänge, die menschlichen Beeinflussungen und Veränderungen unterliegen.

Die Gedanken T. Parsons' wurden weitergeführt von N. Luhmann[11], der über die Funktion von Systemstrukturen reflektiert. Der Sinnzusammenhang des sozialen Systems, der durch Stabilisierung der Grenzen des Systems relativ invariant gehalten wird, reduziert Komplexität der Welt. Die Welt ist stets komplexer als jedes System in der Welt, da die Welt mehr Zustände annehmen kann als ein System. »Sinn ist eine Strategie des selektiven Verhaltens unter der Bedingung hoher Komplexität. Durch sinnhafte Identifikationen ist es möglich, eine im einzelnen unübersehbare Fülle von Verweisungen auf andere Erlebnismöglichkeiten zusammenzufassen und zusammenzuhalten, Einheit in der Fülle des Möglichen zu schaffen und sich von da aus dann selektiv an einzelnen Aspekten des Verweisungszusammenhangs zu orientieren. Dabei ist bezeichnend, daß die Selektion einer spezifischen Sinnverwendung andere Möglichkeiten nicht definitiv ausmerzt«.

Ziel des Systems ist es nun nicht, ein möglichst niedriges Niveau an Eigenkomplexität zu erreichen; es wird geradezu als ein Problem sozialer Systeme angesehen, sich einen möglichst hohen Grad an Eigenkomplexität zu bewahren. Je größer die Eigenkomplexität des Systems ist, desto mehr Umweltkomplexität kann das System absorbieren. Eine derartige Innendifferenzierung hat für das soziale System eine Reihe von Vorzügen. Sie steigert einmal die Anpassungsfähigkeit des Systems, da bei wechselnden Anforderungen der Umwelt nicht jeweils das ganze System geändert werden muß. Darüber hinaus werden die Teilsysteme, da sie sich nur an einem beschränkten Umweltausschnitt orientieren müssen, von übermäßiger Komplexität entlastet. Diese Entlastung wird dadurch abgesichert, daß in dem Systemprozeß das einzelne Teilsystem die Selektionsleistungen anderer Untersysteme ohne erneute Prüfung übernimmt. Innendifferenzierung ist jedoch nicht nur unter dem Aspekt ihres Beitrages zur Reduktion von Komplexität zu sehen. Sie dient auch der Bestandserhaltung des Systems, da sie es ermöglicht, Störungen bereits in einem Teilsystem abzufangen.

Mit Reduktion von Komplexität ist Entscheidungsvereinfachung in einer komplexen, nicht völlig überschaubaren Umwelt gemeint. Damit deckt sich auch die Begründung, die die Anthropologie für die Notwendigkeit von Systembildung gibt. Soziale Systeme sollen der Vermittlung zwischen der äußersten Komplexität der Welt und der sehr geringen, aus anthropologischen Gründen kaum veränderbaren Fähigkeit des Menschen zu bewußter Erlebnisverarbeitung dienen. Zusammenfassend läßt sich sagen: Funktion sozialer Systeme ist Entscheidungsvereinfachung zur Steigerung einer als gering angesehenen menschlichen Fähigkeit zur Informationsverarbeitung.

Zur ersten Orientierung

A. G. Brandenburg, Systemzwang und Autonomie. Gesellschaft und Persönlichkeit bei T. Parsons, Düsseldorf 1971 (Studien zur Sozialwissenschaft Bd. 1)

J. Habermas, N. Luhmann, Theorie der Gesellschaft oder Sozialtechnologie - Was leistet die Systemforschung?, Frankfurt/Main 1971

N. Luhmann, Soziologie als Theorie sozialer Systeme, in: Kölner Zeitschrift für Soziologie und Sozialpsychologie 19 (1967), S. 615 ff.

T. Parsons, The Social System, Glencoe Ill. 1961

K. H. Tjaden (Hrsg.), Soziale Systeme. Materialien zur Dokumentation und Kritik soziologischer Ideologie, Neuwied und Berlin 1971 (Soziologische Texte Bd. 68)

K. H. Tjaden, Soziales System und sozialer Wandel. Untersuchungen zur Geschichte und Bedeutung zweier Begriffe, Stuttgart 1972

1. Norm

Normen sind gesellschaftlich verbindliche Verhaltensregeln, die auf das Handeln von Individuen orientierend, ordnend und lenkend einwirken und sie fähig und bereit machen, als soziale Wesen in Rücksicht gegen die Mitglieder einer Gesellschaft zu handeln. Die je subjektive Typisierung der sozialen Umwelt und des eigenen Verhaltens muß durch normative Regelungen in relative Übereinstimmung mit den Typisierungen anderer Menschen gebracht werden, um jene Verhaltenssicherheit zu gewährleisten, die Gesellschaft im Kern ausmacht. Normen lassen sich verstehen als Erwartungen, daß der oder die anderen sich in typischer Weise verhalten werden; diese Verhaltenserwartungen haben normativen Charakter, d. h. sie wechseln nicht beliebig von Situation zu Situation, sondern sind regelmäßig unter bestimmten Umständen auftretende Erwartungen eines regelhaften Verhaltens. Innerhalb des Normbegriffs ist zu unterscheiden zwischen allgemeinen Normen, die alle Mitglieder einer Gesellschaft bzw. einer Gruppe betreffen, und speziellen Normen, die man als Rollenerwartungen bezeichnet: sie gehen die Menschen nur insoweit an, als diese Inhaber von Positionen und Träger von Rollen sind. Relevant für Handlungsverpflichtungen und Handlungsverbote sind auch Meinungen, Einstellungen und Überzeugungen, sofern sie bekundet werden oder insofern andere Gesellschaftsmitglieder vermuten, daß solche Einstellungen bestehen.

Normen liegen zumeist Werte zugrunde. Beziehen sich Werte jedoch auf alle denkbaren Objekte, so sind Normen auf menschliches Handeln gerichtet. Während Werte kulturell tradiert werden, unspezifisch, vage und allgemein sind und dem Verhalten eher eine Richtung weisen, als daß sie konkrete Vorschriften enthielten, beziehen sich Normen auf bestimmte, konkrete und spezifische Handlungsabläufe. Ist in den Werten des Handelns noch nicht die konkrete Form ihrer Verwirklichung enthalten, so geben Normen genaue Regeln, nach denen Werte zu realisieren sind.

Trotz der Spezifität der Normen sind auch in Normen Toleranzen eingebaut: Normen lassen sich danach unterscheiden, in welchem Maße sie Spielräume des Handelns zulassen, ohne daß Erwartungen enttäuscht und Bestrafungen vorgenommen werden. Wichtig für den Normbegriff ist außerdem, daß nicht alle Normen gleichermaßen stark verbindlich sind, sondern Verbindlichkeitsgrade aufweisen; hier wird vielfach nach Muß-, Soll- und Kann-Erwartungen differenziert, wobei bei Verstößen verschieden starke Bestrafungen einsetzen.

Arbeitet man heute in der Soziologie tendenziell mehr mit dem allgemeinen Begriff der Norm für Regelungen verschiedener Art, um dann im konkreten Fall jeweils den allgemeinen Begriff zu spezifizieren, so wurde in der Vergangenheit, besonders zu Ende des 19. und zu Beginn des 20. Jahrhunderts, mit einer Vielzahl von Begriffen für normative Regelungen operiert. Brauch, Sitte und Recht waren hier die zentralen Kategorien, wobei sich hinter dieser Differenzierung zumeist auch eine historisch-evolutionistische Konzeption verbarg, nämlich die einer Entwicklungslinie von mehr durch Brauch und Sitte zu mehr durch Recht bestimmten Sozialordnungen.

Mit Brauch ist ein weitgehend unbewußtes Nachahmen von Verhaltensmustern gemeint. Brauch wird befolgt, weil er in Übung ist, einer weiteren Begründung mit moralischem Bezug bedarf er nicht; er lebt in stiller Übereinkunft. Der Brauch ist zumeist räumlich und/oder sozial begrenzt (z. B. Volksbräuche, Begrüßungsriten, Formen der Gesellung) und regelt mehr äußerliches Verhalten. Bei Verstößen wird in der Regel nur schwach bestraft.

Unter Sitte ist im Gegensatz zum Brauch eine bewußte Verhaltensvorschrift zu verstehen, die der moralischen Begründung bedarf. Sitten sind zumeist weiter verbreitet als Bräuche (für Gesamtgesellschaft oder mehrere Teile eines Sozialsystems gültig) und werden entsprechend von einer breiteren Bevölkerung auf ihre Einhaltung hin kontrolliert. Korrespondierend mit der stärkeren moralischen Bedeutung und der weiteren Verbreitung sind bei Verstößen die Bestrafungen schärfer als im Bereich der Bräuche.

Eindeutiger als die Differenzierung zwischen Brauch und Sitte ist in der soziologischen Theorie die Unterscheidung zwischen Brauch und Sitte einerseits und Recht andererseits. Verstöße gegen Rechtsnormen bestraft nicht allein die Öffentlichkeit, also eine unspezifische, sondern auch eine spezielle Instanz, zumeist der Staat in Form von Gerichten. Recht ist ein formelles System von Geboten und Verboten; durch eine solche Systematisierung formeller Regeln erweisen sich die Ergebnisse rechtlicher Bewertungen von Tatbeständen als einigermaßen kalkulierbar. Recht beansprucht allgemeine Verbindlichkeit als gesamtgesellschaftliche Ordnungsform zwischenmenschlichen Verhaltens und wird von einer offiziellen Autorität aufgestellt.

Brauch, Sitte und Norm werden also in der heutigen Soziologie zumeist unter dem allgemeinen Terminus der Norm zusammengefaßt. Dabei lassen sich drei grundsätzliche Merkmale einer Norm unterscheiden: Das Sachverhaltselement, d. h. der Relevanzbereich der Norm, das Formelement, d. h. die Standardisierung des Handelns, und der normative Gesichtspunkt, also der Sollensaspekt und der Gedanke der Sanktionierung.

Eine Sanktionierung ist entweder Belohnung (positive Sanktionierung) oder Bestrafung (negative Sanktionierung). Für Normverstöße ist speziell die negative Sanktionierung zu berücksichtigen. Sie besteht darin, daß man jemandem Schaden zufügt: man straft den Abweichenden, mißachtet oder schimpft ihn, nimmt ihm von seinem Prestige, seinem Besitz oder seiner Freiheit. Dabei ist zu beachten, daß Sanktionen nach Art, Dauer, Stärke und Strafberechtigung ihrerseits normiert sind; sie müssen verstanden werden als standardisierte legitime Handlungen für bestimmte Kategorien von Verstößen, um diese zu bestrafen, zu unterdrücken und auf die Norm hin zu korrigieren. Allerdings ist die Sanktion nicht als Definiens der Norm anzusehen: Vielfach läßt sich die Einhaltung von Normen nicht von der Androhung von negativen Sanktionen her begreifen, sondern liegt begründet in der inneren Kontrolle eines Aktors, der die Norm zum eigenen selbstverständlichen Handlungsregulativ gemacht hat. Je selbstverständlicher ein Verhalten ist – weil es z. B. durch biologische Antriebe unterstützt und durch frühe Sozialisation eingeübt wird –, um so weniger bedarf es eines Zwangs, um Handelnde zu normativem Verhalten zu bringen. Normen erweisen sich nicht nur als etwas von außen einer Person Zugemutetes, sondern als Bestandteil der persönlichen Identität. Der Sozialisationsprozeß als Vorgang des Hineinwachsens in eine Gesellschaft oder Gruppe sorgt für eine solche Internalisierung normativer Erwartungen; mit ihrer Verinnerlichung werden Normen so selbstverständlich für das Handeln. Eine Gesellschaft als komplettes Zwangssystem ist nicht vorstellbar und begrifflich nicht sinnvoll.

Negative Sanktionen zielen auf nonkonformes Verhalten oder, wie es heute mit dem terminus technicus heißt, auf abweichendes Verhalten. Diese Abweichung bezieht sich nicht auf durchschnittliches Verhalten. Viele Normen werden häufig gebrochen, gelten aber dennoch. Wäre die Norm nur in durchschnittlichem Handeln gegeben, ist es schwer vorstellbar, wie sich der einzelne orientieren sollte, würde ihm die Erfahrung des Durchschnitts doch schwer zu vermitteln sein. Beim Ausgehen vom durchschnittlichen Verhalten wäre die Unterscheidung zwischen effektivem

Handeln und Anspruch der Norm nicht zu treffen. Die Theorie des abweichenden Verhaltens hat es also stets mit Abweichungen von Normen zu tun. Daß es auch Abweichungen von eigenem Interesse und Abweichung von bisher geübten Verhaltensweisen geben kann, soll außerhalb der Überlegungen bleiben. Wenn jemand gegen eine geltende Norm verstößt, so hat man es mit abweichendem Verhalten zu tun. Wird dagegen eine Norm erfüllt, so spricht man von konformem Verhalten. Kriminelles oder delinquentes Verhalten bildet eine Unterklasse des abweichenden Verhaltens und bezeichnet Verstöße gegen Rechtsnormen.

Bei der Bestimmung des abweichenden Verhaltens ist es ebenso sinnlos wie vom effektiven Verhalten von den Sanktionen auszugehen. Definiert man die Abweichung von den Sanktionen eines Missetäters her, d. h. der Abweichende sei jener, der erfolgreich sanktioniert werde, würde das bedeuten, daß einer, der ein Verbrechen begeht, nicht entdeckt und (oder) nicht bestraft wird, kein abweichendes Verhalten zeigte: Abweichendes Verhalten kann jedoch nur von den bestehenden Normen her erfaßt werden. Auch bei sichtbaren Normverstößen ist es nicht so, als ob bei der Nichterfüllung der jeweiligen normativen Erwartungen automatisch die entsprechende Sanktion ausgelöst würde; so fehlt z. B. oft die zur Sanktion berechtigte Instanz, oder die zur Sanktion Legitimierten nehmen ihre Sanktionsberechtigung nicht wahr.

Grundsätzlich ist wichtig, daß für eine Beurteilung, ob nonkonformes Verhalten vorliegt, nach dem Bezugsrahmen des Verhaltens gefragt werden muß, also nach der jeweiligen Sozialeinheit. Als Sanktionen sind nur solche Schadenszufügungen zu bezeichnen, die namens einer Sozialeinheit erfolgen. Dabei ist vorausgesetzt, daß der Sanktionierte verpflichtet war, die Norm einzuhalten: die Sozialeinheit kann nur von hier ihre Berechtigung herleiten, zu sanktionieren. Sanktionierung ist stets als offizielles Handeln anzusehen, nicht als individuelles. Nicht jedes Verhalten der Mißbilligung darf in der Soziologie als Sanktion bezeichnet werden.

Es bleibt zu klären, wer verpflichtet ist, den Normen einer Sozialeinheit zu folgen. Verpflichtet sind gegenüber dem Sozialsystem zweifellos dessen Mitglieder, ganz besonders, soweit sie Vollmitglieder sind. Dabei muß die Sozialeinheit darüber entscheiden können, wer als Mitglied anzusehen ist und wer nicht. Nur unter dieser Voraussetzung können die Gruppe und deren Repräsentanten eine Sanktionierungsgewalt gegenüber dem Abweichenden begründen. Abweichendes Verhalten läßt sich also dann feststellen

und analysieren, wenn der Handelnde als Mitglied des betrachteten Sozialsystems gilt.
Es muß danach eine Verpflichtung des beobachteten Individuums vorausgesetzt werden können, daß es die bestehenden Normen zu erfüllen hat. Die Feststellung der Mitgliedschaft und damit der Verpflichtung gegenüber dem Sozialsystem bedeutet allerdings nur einen Schritt in der Analyse. Denn es ergibt sich, daß nicht alle Normen einer Sozialeinheit alle Mitglieder gleichmäßig verpflichten. Gibt es schon Unterschiede hinsichtlich der Basis- und Vollmitgliedschaft, so ergeben sich Unterschiede auch innerhalb der Rollen, die die Mitglieder spielen. Jede Rollenart und schließlich jede einzelne Rolle kennt Verpflichtungen, die nur ihr eigen sind, die aber nichtsdestoweniger vom Sozialsystem her gefordert werden. Wenn nun aber von einer bestimmten rollenspezifischen Norm nicht jedes Mitglied verpflichtet ist, so bedeutet ein Nichtbefolgen einer Norm natürlich auch nicht stets abweichendes Verhalten. Ist man einer Norm verpflichtet, so handelt man entweder konform oder abweichend. Ist man einer Norm dagegen nicht verpflichtet, so ist das Handeln einfach nicht betroffen. Von einer Norm her gesehen gibt es also nicht nur konformes und abweichendes Verhalten, sondern auch das nicht betroffene.
Nimmt man seinen Standpunkt nicht bei einer Norm, sondern beim einzelnen Handelnden, so reichen die beiden Kategorien des abweichenden und konformen Verhaltens ebenfalls nicht aus. Mißt man nämlich das affektive Verhalten einer Person an den Anforderungen einer Norm, so wird man sowohl konformes als auch abweichendes Verhalten feststellen können. Aber es gibt auch – wie wir bereits ausführten – Verhalten, das sich nicht derart klassifizieren läßt. Gemeint sind hier nicht Zweifelsfälle, die auf der Grenze zwischen beiden Kategorien liegen, wo man nicht genau weiß, ob hier konformes oder eher abweichendes Verhalten vorliegt. Gemeint sind vielmehr Verhaltensformen, die mit der Alternative überhaupt nicht zu fassen sind. Viele Bereiche des Handelns unterstehen keiner normativen Regelung, sondern stehen im Belieben des einzelnen. Ob z. B. ein Familienvater in seiner Freizeit Rundfunk hört oder Schach spielt, ist nicht normativ geregelt. Solange die verfolgten Interessen berechtigt sind, läßt sich nicht von abweichendem Verhalten reden. Diese Kategorie des Handelns kann als erlaubtes Verhalten bezeichnet werden. Zeichen dafür ist, daß weder für dieses Tun eine positive noch für das Unterlassen eine negative Sanktion bereitsteht oder umgekehrt. Es gibt also Handlungen, die man tun kann, ohne daß man mit einer Sanktionierung in bestimmter Richtung zu rechnen hat.

Abweichende Verhaltensweisen haben in vielfältiger Weise einen soziale Normensysteme bedrohenden bzw. zerstörenden Einfluß.[12] So wirkt Devianz vielfach ähnlich wie der Ausfall oder das Versagen eines wichtigen Teils eines fein aufeinander abgestimmten Mechanismus. Eine organisierte soziale Normeinheit ist ein solcher Mechanismus, der sich aus den aufeinander abgestimmten Handlungen von Akteuren zusammensetzt. Wenn einige dieser Handlungen nicht in richtiger Verbindung und den Erwartungen gemäß erfolgen, kann das Funktionieren eines Handlungssystems beeinträchtigt oder vereitelt werden (Desorganisationseffekt). Allerdings vermag jedes soziale System abweichendes Verhalten in beträchtlichem Ausmaß zu ertragen, bevor ein Schwellenwert erreicht ist, bei dem von bedeutender oder gar totaler Desorganisation gesprochen werden muß. Dies ist weitgehend damit zu erklären, daß abweichendes Verhalten sehr oft unter die Kategorie des aberranten Verhaltens fällt, bei dem der Abweichende die Gültigkeit der Normen nicht anzweifelt und keineswegs versucht, diese auf dem Wege der Reform oder Revolution zu ändern und gegen sie anzugehen.

Weiterhin vermag deviantes Verhalten den Zustand eines normativen Systems dadurch zu unterminieren, daß es die Bereitschaft der Mitglieder, ihre Pflicht zu tun, d. h. ihren Beitrag für das Funktionieren eines Systems zu leisten, zerstört. Dies geschieht dann, wenn bei Individuen und Gruppen das sozial erwartete Gleichgewicht zwischen der Wahrnehmung von Rechten und der Erfüllung von Pflichten nicht mehr gegeben ist; die Gesellschaftsmitglieder perzipieren diese illegitimen Privilegien und sind ihrerseits nicht mehr motiviert, sich an die Regeln zu halten (Aushöhlungseffekt).

Eine weitere normbeeinträchtigende bzw. normzerstörende Wirkung liegt in der durch Devianz hervorgerufenen Ungewißheit (Ungewißheitseffekt); durch die Störung des Erwartungssystems kann sich der einzelne nicht mehr darauf verlassen, daß sich auch die anderen regeltreu verhalten: Interaktionen werden unverläßlich. Das Vertrauen, d. h. die soziale Überzeugung, daß die anderen sich im großen und ganzen normkonform verhalten, wird zerstört.

Abweichendes Verhalten hat aber nicht nur normaufweichende und normzerstörende Funktion, sondern trägt vielfach auch bei zur Erhaltung und Stabilisierung von Normen.

Wie G. W. F. Hegel sagt, erhält etwas Positives erst durch die Existenz und den Kontrast des Negativen besondere Bedeutung. Tatsächlich wird jedes normgerechte Verhalten in dem Maße sichtbar, auffällig und positiv bewertet, indem es durch Verhaltensabweichungen kontrastiert wird. Die Abweichungen sorgen dafür, daß das konforme Handeln als etwas »Besonderes« geschätzt und gewünscht wird.

Die positive Wirkung wird ebenfalls deutlich am Solidarisierungseffekt abweichenden Verhaltens, d. h. die Devianz von Personen fördert das Gemeinschaftsgefühl und die Integration einer Gruppe, indem die Abweichungen solidarisch abgelehnt und bekämpft werden. Der Prozeß der Ablehnung und negativen Bewertung von abweichenden Individuen bestärkt die Gruppenmitglieder in ihrer eigenen Position. Die verletzte Norm wird bekräftigt und die Grenzen werden erneut abgesteckt, innerhalb deren sie Gültigkeit hat.

Ein weiterer normerhaltender Faktor ist der sogenannte Ventileffekt abweichenden Verhaltens. Dieses kann, falls es nicht rigoros unterdrückt wird, wie ein Ventil wirken, indem es eine starke Aufstauung von Unzufriedenheit verhindert und der legitimen Ordnung etwas von ihrem Zwang nimmt. Es kommt dann eventuell nicht zu Frustrationen und zu einem Angriff auf die Gültigkeit einer Normenordnung. Die Prostitution kann man als eine solche Ventilinstitution bezeichnen, da sie in der Regel nicht das normative Gefüge der Familie und Ehe bedroht.

Neben den bisher genannten Formen positiver Wirkung abweichenden Verhaltens ist außerdem zu berücksichtigen, daß normgerechtes Verhalten vielfach nur über Abweichungen gelernt wird. Um normgerechtes und abweichendes Verhalten genauer zu unterscheiden, müssen die Regelungen klar verstanden werden. Alles, was die Regelungen implizieren – die genauen Grenzen ihres Anwendungsbereichs, ihre Einschränkungen und Vorbehalte, den von ihnen betroffenen Personenkreis, die Grade ihrer Verbindlichkeit – all dies kann nicht einfach durch komplizierte Formulierungen vermittelt werden. Diese Dinge lernt man zumeist dadurch, daß man sie im konkreten Handeln erforscht und entdeckt. Nur durch Überschreiten der Grenzen in den Bereich abweichenden Verhaltens lernt man, was abweichendes und was normgerechtes Verhalten ist. Durch die Verhängung von Sanktionen wird eine Norm dann gefestigt, und ihre Definition macht Inhalt und Grenze der Regelung deutlich.

Neben der Reflexion über die Funktion von abweichendem Verhalten interessierte die soziologische Theorie insbesondere der Zusammenhang zwischen der Häufigkeit devianten Handelns und dem Phänomen des Normverfalls. Vielfach wurde behauptet, eine Norm zerbreche, wenn die Abweichungen zu häufig würden. Zerstört oft das faktische Vorherrschen einer Abweichung die Gültigkeit einer Norm, so gibt es andererseits in vielen Bereichen jeder Gesellschaft permanent deviante Verhaltensweisen, ohne daß die Norm immer in Frage gestellt würde. Ein wichtiger Mechanismus hierfür ist die Unsichtbarkeit von Normabweichungen (z. B. im sexuellen Bereich); die Abweichungen bleiben weitgehend im Dunkeln, und das Nichtwissen um die Devianz sichert die Norm. Außerdem gibt es eine Menge von Strategien, Normverstöße zu übersehen oder als Einzel- und Ausnahmefälle zu behandeln (z. B. als Kavaliersdelikt). Solche Mechanismen machen es möglich, daß häufig Differenzen zwischen Normen und tatsächlichem Verhalten existieren können, ohne die Normen zu zerstören. Aber auch sonst ist die Aufhebung einer Norm durch häufig abweichendes Verhalten nicht die Regel. Wenn über lange Zeit hinweg und allgemein bekannt häufig faktisches und normatives Verhalten auseinanderfallen, ohne zur Zerstörung der Norm zu führen, so können hierfür mehrere Faktoren verantwortlich sein: es handelt sich um eine für das Zusammenleben der Menschen sehr wichtige Norm; die Norm steht in engem Bezug zu anderen Normen oder zeigt starke Eingebundenheit in allgemeine Werte; sie erhebt Geltungsanspruch für eine ganze Gesellschaft; das abweichende Verhalten intendiert nicht den Aufbau einer Gegennorm.

Die bisherige Gegenüberstellung von konformem und abweichendem Verhalten könnte suggerieren, als sei es immer leicht, ein Verhalten eindeutig einer der beiden Kategorien zuzuordnen. In differenzierten Gesellschaften existiert jedoch eine Vielfalt von an gegensätzlichen Normierungen orientierten Subsystemen, so daß es oft sehr schwer ist, ein Verhalten relativ zu dem entsprechenden Bezugssystem als konform oder abweichend zu kennzeichnen. Aber auch innerhalb von Sozialeinheiten gibt es Zuordnungsschwierigkeiten. Normen sind zunächst nicht immer eindeutig definiert und müssen auf konkrete Situationen hin interpretiert werden; viele Normen widersprechen sich sogar. Normen verlieren aber auch vielfach an Geltung, und es kommt zu Normkonflikten. Tatsächlich gibt es im sozialen Leben Situationen, in denen hinsichtlich der Frage, wie die Regeln lauten, keine Übereinstimmung besteht. Regeln, deren Autorität und Gültigkeit in einer Gesellschaft oder Gruppe völlig außer Frage stehen, sind sehr selten. Häufig dominiert in einem Sozialsystem nicht mehr eine Regel eindeutig; hier entsteht dann eine allgemeine Unsicherheit über die gültige Regel.

Das Problem der Gültigkeit ist nicht zu verwechseln mit dem der Angemessenheit; man kann die Angemessenheit einer Regel

– ob sie gut, gerecht und vernünftig ist – bestreiten und trotzdem darin übereinstimmen, daß sie gültig ist. Diese Unterscheidung hat für soziale Systeme entscheidende Konsequenz, denn sie läßt viel Raum für Meinungsverschiedenheiten über die Angemessenheit von Regeln, ohne damit das Funktionieren von solchen Systemen zu beeinträchtigen.

Kommt es in einer Gruppe oder einer Gesellschaft zu Normkonflikten, so weiten diese sich nur im Extremfall zur in Fragestellung des gesamten normativen Zusammenhanges aus. Einzelne Devianzen sind oft sogar notwendig, um Erstarrungen vorzubeugen und innovationsfördernd zu wirken: nur so lassen sich dann die auf ein System zukommenden Aufgaben lösen. Führen die Abweichungen hingegen zu einem weitgehenden Verfall bestehender Ordnungen einer Gesellschaft, dann ist der Fortbestand des Systems in Frage gestellt. Man bezeichnet einen solchen Zustand allgemeiner Normlosigkeit mit dem Durkheimschen Begriff der Anomie. Weisen die Handlungen alsbald wieder neue Normorientierungen auf, so kristallisiert sich ein neues stabiles Handlungssystem heraus.

Besonders bedeutsam für Stabilität und Wandel einer Gesellschaft sind Statik bzw. Dynamik ihrer sozialen Institutionen. Einige Soziologen möchten den Begriff der Institution für alle in einer Gesellschaft geltenden Verhaltensmuster angewandt wissen, sofern sie nur ein hohes Maß an Dauer und Stabilität aufweisen; es fragt sich allerdings, warum der Begriff der Institution dann überhaupt in die Soziologie eingeführt werden soll. Sinnvoller ist es, unter Institution Komplexe von Normen zu verstehen, die von strategischer struktureller Bedeutung für ganze Gesellschaften sind, weil sie in einem allgemein als bedeutsam erachteten Sinnbezirk eines Sozialsystems das Verhalten regeln. Zu denken ist hier z. B. an die Institutionen der Ehe, der Familie, der Schule, des Privateigentums, also an einen Sinnzusammenhang bildende Ordnungen, die nicht nur das Verhalten in einer konkreten Assoziation regeln, sondern für das Handeln in wichtigen Relevanzbereichen gesamtgesellschaftliche Gültigkeit beanspruchen. So reglementiert z. B. die Institution der Familie das Handeln in den einzelnen Familien eines Sozialsystems, die Institution Schule realisiert sich in den einzelnen schulischen Sozialgebilden: Konkrete Gruppen sind quasi die Ausführungsorgane der Normenkomplexe.

Es gilt zu berücksichtigen, daß Institutionen nicht nur normative Regelsysteme, sondern normative Arrangements mit einer Sinndeutung darstellen. Vielfach gehören Ideen, Werte, Glaubensüberzeugungen, Vor- und Leitbilder zur Institution hinzu, zu ihrer Realisierung bilden sich Institutionen. Solche Ideen und Werte sind keineswegs identisch mit den binneninstitutionellen Normen, ja sie stehen oft in Spannung zu ihnen. Viele Institutionen, z. B. die christliche Kirche oder die Humboldtsche Universität, lassen sich nicht nur als Zusammenhang von Normen adäquat beschreiben, sondern auch als Einheiten, die Leitideen verkörpern. Neben diesen Ideen und Werten sind auch materielle Substrate wie Werkzeuge, Waffen, Gebäude, Wohnungen und finanzielle Ausstattung im Institutionsbegriff mit umfaßt, soweit sie mit dem Regel- und Deutungssystem verbunden sind: so gehört zur Institution Stiftung beispielsweise ein Stiftungsvermögen.

Bedeutsam für die Gesellschaft sind solche Institutionen auch deshalb, weil sie wichtige Bedürfnisse in festgelegter Weise befriedigen. Zunächst handelt es sich hier um fundamentale Bedürfnisse, die in jeder Kultur abgesättigt werden müssen: Aufrechterhaltung der physischen Existenz; Befriedigung des Sexualtriebs; Reproduktion des Mitgliederbestandes; Sozialisation des Nachwuchses; Produktion und Verteilung von Gütern; Aufrechterhaltung einer gesellschaftlichen Ordnung; Vermittlung von kulturellen und religiösen Bedeutungszusammenhängen. Entsprechend diesen Fundamentalbedürfnissen gehören die Institution der Familie, ökonomische, religiös-kulturelle, rechtliche und erziehungsorientierte Institutionen zu fast jeder Gesellschaft. Allerdings sind die Institutionen in bezug auf die in ihnen erfüllten Bedürfnisse vielseitig; es erfolgt eine Aufteilung bestimmter Bedürfnisse auf mehrere Institutionen.

Institutionen haben nicht nur die Funktion, Bedürfnisse zu befriedigen und durch Normen in Zucht zu nehmen, sondern darüber hinaus den Wandel und die Neubildung von Bedürfnissen, die durch Institutionen hervorgerufen werden, selbst zu steuern und zu kanalisieren. Mit neuen Interessen, Motiven und Wertungen kommt es zu neuen Bedürfnissen, die vielfach andere institutionelle Regelungen oder gar neue Institutionen und so wieder neue Bedürfnisse aus sich heraustreiben. Häufig bilden sich für spezifische Funktionen spezielle Institutionen heraus, wobei eine Ausgliederung von Funktionen aus Institutionen mit diffuser Zwecksetzung erfolgt. Ein Beispiel hierfür ist die teilweise Ausgliederung der Funktionen der Erziehung sowie der Fürsorge für Familienmitglieder aus der diffusen Institution der Familie und ihre Verweisung an spezifische Institutionen wie Schule bzw. Sozialversicherung, -fürsorge und -versorgung. Institutionen können auch gänzlich an Bedeutung verlieren und verschwinden, wenn sie ihrer Funktionen verlustig gehen und keine neuen Ziele finden und/oder ihre normativen Regelungen ihre Gültigkeit einbüßen.

Mit zunehmender institutioneller Differenzierung in industriellen Gesellschaften besteht die Tendenz, daß Institutionen nur noch einen geringen Ausschnitt menschlichen Verhaltens erfassen und/ oder daß nur noch ein Teil der Bevölkerung eines Sozialsystems durch sie normativ organisiert wird. Immer mehr trägt ein besonderes Personal mit entsprechenden Qualifikationen diese speziellen Institutionen, z. B. die Lehrer die Institution Schule. Bei hoher Differenzierung kommt es zu stärkeren Widersprüchen zwischen Institutionen, etwa zwischen Familie und Wirtschaftordnung, Kirche und Staat, Staat und Privateigentum. Mit solchen Widersprüchen sind Individuen und Gruppen vor das Problem eigener Entscheidungen gestellt.

Zur ersten Orientierung

A. K. Cohen, Abweichung und Kontrolle, München, 2. Aufl. 1970 (Grundfragen der Soziologie, Bd. 7)

R. Lautmann, Wert und Norm. Begriffsanalysen für die Soziologie, Köln und Opladen 1969 (Dortmunder Schriften zur Sozialforschung, Bd. 37)

W. Lipp, Institution und Veranstaltung. Zur Anthropologie der sozialen Dynamik, Berlin 1968 (Soziologische Schriften, Bd. 6)

N. Luhmann, Normen in soziologischer Perspektive. in: Soziale Welt 20 (1969) S. 28ff.

K. F. Schumann, Zeichen der Unfreiheit. Zur Theorie der Messung sozialer Sanktionen, Freiburg i. Br. 1968 (Sozialwissenschaft in Theorie und Praxis, Bd. 5)

G. Spittler, Norm und Sanktion. Untersuchungen zum Sanktionsmechanismus, Olten und Freiburg 1967

G. Wiswede, Soziologie abweichenden Verhaltens. Stuttgart, Berlin, Köln, Mainz 1973

2. Rolle

In der modernen soziologischen Theorie hat das Konzept von der Rolle geradezu den Stellenwert eines Paradigmas für die soziologische Perspektive und Denkweise gewonnen. Eine Erfahrung aus der Alltagswelt und der Bühnensituation des Theaters wurde zu einem wissenschaftlich verwendbaren Interpretationsschema umgeformt.

Der zentrale Gedanke dabei ist, daß Normen vielfach zu Komplexen von Verhaltenserwartungen zusammengefaßt sind; Rollen sind Bündel von Verhaltensnormen, denen eine bestimmte Kategorie von Gesellschafts- bzw. Gruppenmitgliedern im Unterschied zu anderen zu entsprechen hat. Das Rollenspiel ist eine Interaktion, die durch Normen gesteuert wird und die Form wechselseitiger Verhaltenserwartungen hat. Innere Kontrolle auf Grund von Internalisierung und äußere Kontrolle durch Sanktion garantieren weitgehende Rollenkonformität der handelnden Personen.
Generell ist zu sagen, daß Rollen einen Komplexität reduzierenden, auf relative Dauer angelegten Handlungsraum schaffen. Sie machen diesen überschaubar, präformieren Handlungsentscheidungen und gewähren Voraussehbarkeit des Verhaltens der Interaktionspartner.
Wichtige Anstöße für die Entwicklung einer soziologischen Rollentheorie gingen von R. Linton und T. Parsons aus.[13] R. Linton unterscheidet zwischen Status und Rolle. Rolle ist für ihn nichts anderes als der Komplementärbegriff zum sozialen Status und bringt den dynamischen Aspekt des Status zum Ausdruck. Ein Status ist von den Individuen zu unterscheiden, die ihn einnehmen, und bedeutet einfach eine Zusammenfassung von Rechten und Pflichten. Wenn ein Individuum die Rechte und Pflichten, die den Status konstituieren, in Wirksamkeit setzt, dann übt es eine Rolle aus. T. Parsons führte diese Gedanken wegweisend weiter. Für ihn ist die Rolle das bezeichnendste Element der Struktur sozialer Systeme. In seiner Theorie unterscheidet er ebenfalls zwischen Status und Rolle. Auf der einen Seite gibt es den Positionsaspekt, den des Platzes, den ein Handelnder in einem sozialen System relativ zu anderen einnimmt; diesen Ort bezeichnet T. Parsons als Status, als Platz in einem Interaktionssystem, verstanden als strukturiertes System von Teilen. Auf der anderen Seite gibt es den Prozeßaspekt, den Aspekt dessen, was der Handelnde in seinen Beziehungen mit anderen tut, gesehen im Kontext seiner funktionalen Bedeutung für das soziale System. Dies nennt T. Parsons eine soziale Rolle. Status und Rolle sind für ihn zwei Seiten derselben Medaille.
Für eine klare Begriffsbildung ist es zunächst zweckmäßig, den bei R. Linton und T. Parsons verwendeten Begriff des Status durch den der Position zu ersetzen. Status soll ausschließlich den Rangaspekt einer sozialen Position bezeichnen, d. h. die soziale Höher- oder Niederbewertung gegenüber anderen Positionen. Soziale Positionen sind zu begreifen als Schnittpunkte mehrerer sozialer Beziehungen; sie entstehen aus der sozialen Differenzierung, d. h.

aus der gesellschaftlichen Funktionsteilung ergeben sich Stellungen im sozialen Beziehungsgefüge, die mit unterschiedlichen Rechten und Pflichten ausgestattet sind. Wo die soziale Differenzierung den Aggregatzustand einer positionellen Verfestigung erreicht hat, spricht man von Position; Kriterium einer solchen Verfestigung ist das Bewußtsein der Vakanz, das entsteht, wenn eine Position ihren Inhaber verloren oder noch nicht gefunden hat. Eine Rolle ist nun jenes Bündel von Verhaltenserwartungen, das von einer Position in bestimmten Situationen realisiert wird. Rolle und Position erweisen sich als zwei Seiten ein- und derselben Sache, die sich aber – im Gegensatz zu R. Linton – nicht dadurch unterscheiden, daß die eine Seite statisch und die andere dynamisch wäre, sondern die je nach dem Forscherinteresse entweder die soziale Differenzierung (die Positionsproblematik) oder die soziale Normierung (die Rollenproblematik) hervorheben. Die Verhaltensvorschriften beziehen sich nicht auf das Individuum qua Person, sondern auf das Individuum qua Positionsinhaber. Jeder einzelne kann Inhaber mehrerer Positionen und damit Spieler mehrerer Rollen sein. Der Rollenbegriff ist somit ableitbar aus der Verknüpfung gesellschaftlicher Normierung und gesellschaftlicher Differenzierung: bestimmt sich als ein Bündel von normativen Verhaltenserwartungen, die an eine soziale Position geknüpft sind.

Wie bei den Normen generell gilt freilich auch für die Rollen, daß sie nicht aus faktischem bzw. durchschnittlichem Verhalten, auch nicht auf Grund der Sanktionierung zu gewinnen sind; als zentrales Kriterium bieten sich die normativen Erwartungen an, d. h. jene Anforderungen, die an einen Handelnden als Positionsinhaber gestellt werden.

Jeder Handelnde nimmt in einem sozialen System mehrere Positionen ein und spielt dementsprechend eine Vielzahl von Rollen. Die von einem Aktor eingenommenen Positionen bzw. Rollen bezeichnet man bisweilen als Positions- bzw. Rollenkonfiguration. So ist der einzelne z. B. Ehegatte, Vater, Autoverkäufer, Vereinsmitglied, Katholik, Staatsbürger, Parteimitglied. Eine jede Position bringt den Handelnden mit bestimmten Personen zusammen. Die Summe jener Menschen, mit denen ego auf Grund seiner verschiedenen Positionen interagiert, läßt sich mit dem Begriff des Personensatzes fassen.

Jeder Position sind Verhaltenserwartungen zugeordnet. Diese Erwartungen an den Inhaber einer Position umfassen oft einen ganzen Komplex von Vehaltensvorschriften, die nach Interaktionspartnern differieren. Die Erwartungen gehen ja von Bezugspersonen oder von Bezugsgruppen aus, die die Rolle egos definieren, wobei man die einzelnen Erwartungen als Sektoren oder Segmente zu bezeichnen pflegt.[14] So sind z. B. die Bezugspunkte eines Lehrers seine Kollegen, die Schüler, die Eltern, der Direktor der Schule, das Kultusministerium; jede der Bezugsgruppen bzw. Bezugspersonen stellt bestimmte normative Anforderungen an das Verhalten des Lehrers, an jeder der Erwartungen muß dieser sein Verhalten orientieren. Die einzelnen Bezugsgruppen oder -personen einer Position sind im Hinblick auf die Rolle des Positionsinhabers Rollensender, der Positionsinhaber ist Rollenadressat oder – wie es häufig heißt – Rollenempfänger. Von den Rollensendern gehen die Normen aus, sie sind diejenigen, die von einem Positionsinhaber bestimmte Verhaltensweisen erwarten. Die strukturelle Ursache für den Unterschied zwischen den Rollenerwartungen verschiedener Rollensender liegt darin begründet, daß sich jeder Positionsinhaber Rollensendern gegenübersieht, die an verschiedenen Orten in der Sozialstruktur stehen und daher auch voneinander differierende Normen haben können.

Jede Position, die eine Person einnimmt, unterwirft also den Positionsinhaber dem Anspruch bestimmter normativer Rollenerwartungen. Verlangen diese Anforderungen von dem Positionsinhaber Widersprüchliches oder Unvereinbares, so ist es nicht mehr oder sehr schwer möglich, allen Erwartungen zu entsprechen. Konformität einer bestimmten Regel gegenüber kann abweichendes Verhalten gegenüber einer anderen Regel erforderlich machen. Solche widersprüchlichen Anforderungen, die sich aus den verschiedenen Rollenerwartungen der Bezugsgruppen bzw. -personen ergeben, nennt man einen Intrarollenkonflikt. Ein Rollenkonflikt kann also aus den an einzelne Rollen geknüpften Anforderungen entstehen. Es gibt allerdings eine Menge von Umständen, die den Rollenkonflikt mindern:

- die Rollensender sind nicht in gleichem Maße an der in Frage stehenden Rolle interessiert;
- die Rollensender besitzen nicht alle die gleiche Macht zur Ausübung von Sanktionen;
- die Normen eines Rollensektors gewähren genug Handlungsspielraum bzw. sind nicht in gleichem Maße verbindlich wie die Anforderungen anderer Segmente;
- das Rollenverhalten ist – zumindest partiell – der Überprüfbarkeit durch den Rollensender entzogen;
- der Rollenspieler kann die Widersprüche offenlegen und den Konflikt auf die Rollensender abschieben;

- der Positionsinhaber erhält Unterstützung von Inhabern gleicher Positionen, die sich mit ähnlichen Problemen konfrontiert sehen.

Ein Rollenkonflikt kann sich aber auch aus der Widersprüchlichkeit oder Unvereinbarkeit verschiedener Rollen ergeben, was in der Soziologie als Interrollenkonflikt bezeichnet wird. Es kommt zu solchen Rollenkonflikten, wenn ein Individuum den verschiedenen Anforderungen der vielen Positionen, die es einnimmt, nicht gerecht werden kann. Allerdings gibt es auch hier Mechanismen zur Minimierung des Konflikts:

- das Wissen der anderen um die Vielzahl der Positionen wirkt ausgleichend, werden doch dann die Positionen nach ihrer Bedeutung verschieden gewichtet;
- für verschiedene Rollen wirkt eine räumliche und zeitliche Trennung der Handlungsbereiche konfliktmindernd;
- es besteht die Tendenz, die für eine jeweilige Situation spezifischen Erwartungen nicht durch andere Rollenanforderungen zu stören;
- schließlich gibt es eine Abfolge von Positionen und Rollen, sogenannte Rollensequenzen, die dafür sorgen, daß der Mensch mit bestimmten, schwer vereinbaren Rollen in zeitlicher Abfolge, d. h. nacheinander, konfrontiert wird.

Trotz dieser konfliktmindernden Mechanismen sind Interrollenkonflikte ebenfalls häufig, manchmal gehören sie geradezu zur strukturellen Signatur einer Gesellschaft, so z. B. bei der Doppelrolle der Frau und Mutter in Familie und Beruf. Die Konfliktmöglichkeiten sind um so größer, je mehr Positionen der einzelne einnimmt, also je mehr Rollen ihm die Gesellschaft zumutet. Gesellschaften unterscheiden sich dabei nach den Rollenmengen, mit der sie ihre Mitglieder typischerweise konfrontieren.
Die Rollentheorie, wie wir sie bis jetzt darstellten, ist in den letzten Jahren in Deutschland, im Anschluß an amerikanische Theoretiker, weiter fortentwickelt und in einzelnen Punkten revidiert worden. Ausgangspunkt für eine Kritik war zumeist ein Unbehagen an dem allzu formellen Charakter der Kategorien von Position und Rolle. Die Begriffe sind nämlich sehr in Analogie zum Amtsbegriff entwickelt worden; hier gilt, daß die Rechte und Pflichten an feste, in einer sozialen Organisation verortete Positionen gebunden und unabhängig von der Person des jeweiligen Positionsinhabers zu sehen sind. Es stellt sich aber die Frage, ob die Übertragung des Amtsbegriffs auf jedwede soziale Position sich rechtfertigen läßt und alle Rollen in dem Maße als unabhängig von der Person des Stelleninhabers gedacht werden können.

Es gibt positionelle Verfestigungen, die sich nur in bestimmten Interaktionssituationen ausbilden; diese Positionen brauchen nicht dauerhaft im Rahmen einer Organisation institutionalisiert zu sein, sondern können als bloße Leerstellen in bestimmten Situationen regelmäßig wiederkehren. Die Position des Gastgebers ist z. B. eine solche regelmäßig wiederkehrende, aber mit der Aufhebung der Situation des »Gäste-Habens« wieder verschwindende Leerstelle.

Von den organisationsbezogenen und den situationsbezogenen Rollen sind die personbezogenen zu unterscheiden. Die Rollen des Ehemannes, der Eltern, des Kindes sind solche personbezogenen Rollen. Man kann sie mit dem Parsonschen Begriff als partikularistisch bezeichnen. Ein soziales Objekt kann für den Handelnden entweder auf Grund einer besonderen, nur zwischen ihm und diesem bestimmten anderen bestehenden Beziehung bedeutsam sein, oder der andere gewinnt seine Bedeutung als Angehöriger einer allgemeinen Kategorie. Die Rollenbeziehung von ego zu den Eltern, dem Ehegatten, seinen Kindern sind partikularistisch, weil Rollenerwartungen, die diese Beziehungen definieren, für ego nur in bezug auf diese bestimmten Personen gelten. Die partikularistischen Rollen erfordern eine sehr persönliche Realisierung und werden von ganz bestimmten Rollensendern an die Person herangetragen.

Neben dieser Unterscheidung zwischen organisationsbezogenen, situationsbezogenen und personbezogenen Rollen ist es weiterhin sinnvoll, nach dem Kriterium zu differenzieren, in welchem Maße Rollen eine persönliche Ausgestaltung verlangen.

Rollenspiel ist ja nicht nur ein Reagieren auf Rollenerwartungen oder ein einfaches Nachvollziehen vorgegebener Verhaltensmuster, sondern erfordert eigene Gestaltung, eine sogenannte Ich-Leistung. Der Umfang der erwarteten Ich-Leistungen ist je nach Rolle verschieden. Bei manchen Rollen ist das Netz der normativen Regelungen so eng, daß fast jede relevante Gegebenheit bereits minuziös einbezogen ist, andere Rollen ziehen dem Verhalten nur grobe Grenzen und weisen vage die Richtung. Dem Soldaten im Kriegsfalle etwa ist genau vorgeschrieben, was er zu tun und was er zu lassen hat. Die Rolle des akademischen Lehrers hingegen setzt sich aus sehr unterschiedlichen Erwartungen zusammen und läßt einen breiten Spielraum für eigene Initiative und Ausgestaltung. In der Mitte dieser beiden Pole sind jene Rollen anzusiedeln, die sich auf die Bewältigung einer bestimmten Aufgabe beziehen: die Ich-Leistungen beschränken sich auf Art und Qualität der Aufgabenbewältigung.

Diese Differenzierung der Rollen, wie wir sie vornahmen, wurde im Anschluß an amerikanische Theoretiker von H. P. Dreitzel entwickelt. Er faßte seine Einsichten in einer Typologie zusammen, die er tabellarisch darstellte:[15]

Klassifikationsschema für soziale Rollen (nach H. P. Dreitzel):

zunehmende Identifikation ←

abnehmende Ich-Leistungen ↑

Herkunft der Normen / Art der Normen	Kulturelle Normen personbezogen	Herrschaftsnormen organisationsbezogen	Interaktionsnormen situationsbezogen
Vollzugsnormen Gehorsam gegenüber Regeln	*Sozialisierungsrollen* Kind Patient	*Ausführungsrollen* Soldat Strafgefangener	*Spiel-Rollen* Verkehrsteilnehmer, Fußballspieler
Qualitätsnormen Bewältigung von Aufgaben	*Helfer-Rollen* Eltern Doktorvater Seelsorger	*Arbeitsrollen* Postbeamter Arbeiter Vereinsvorsitzender	*Bewältigungsrollen* Prüfling Diskussionsleiter
Gestaltungsnormen Stil der Wertrealisierung	*Beziehungsrollen* Ehemann Liebhaber charismatischer Führer	*Leistungsrollen* Politiker Schauspieler Wissenschaftler	*Kontaktrollen* Nachbar Gastgeber

Zur Unterscheidung der Rollen differenziert H. P. Dreitzel zunächst nach der Art der Gegebenheit ihrer Normen: nach Vollzugsnormen, Qualitätsnormen und Gestaltungsnormen. Die Vollzugsnormen lassen den Ich-Leistungen nur einen sehr engen Spielraum; es geht um die gehorsame Einordnung in ein relativ dichtes Netz von Regeln. Bei den Qualitätsnormen steht die Aufgabe und ihre Bewältigung im Vordergrund; Ich-Leistungen und Regulierung der Ausführung halten sich etwa die Waage. Bei den Gestaltungsnormen stehen die Ich-Leistungen im Zentrum, weil der individuelle Stil und die persönliche Problemlösung das sind, was die Rolle vorschreibt.

Auf der anderen Seite unterscheidet H. P. Dreitzel zwischen kulturellen Normen, Herrschaftsnormen und Interaktionsnormen. In den relativ verfestigten Positionsstrukturen von Organisationen und Gruppen bilden sich Herrschaftsverhältnisse heraus, in denen die Rollen einen sehr formellen Charakter haben; die zu erwartenden Sanktionen für abweichendes Verhalten sind bekannt und genau kalkulierbar. In den Interaktionsnormen drücken sich Verhaltenserwartungen aus, die an Positionen gebunden sind, die sich im Interaktionsprozeß herauskristallisieren. Die personenbezogenen, kulturellen Normen sind weder unmittelbar herrschaftlich durchgesetzt noch werden sie innerhalb einer spezifischen wiederholbaren Situation am Leben gehalten und kontrolliert; sie sind zu wesentlichen Teilen im Laufe des Sozialisationsprozesses verinnerlicht worden, und die Rollenspieler stehen in einer persönlich gefärbten Beziehung.

Die Tabelle zeigt, wie die Identifikation des Rollenspielers mit seiner Rolle von den situationsbezogenen über die organisationsbezogenen zu den personbezogenen Rollen zunimmt. Die Dimension der zunehmenden Identifikation bezeichnet das Verhältnis Person-Rolle, die Dimension der abnehmenden Ich-Leistung die Dichtigkeit und Prägnanz, mit denen Normen einer Rolle das Verhalten vorschreiben. Aus beiden Dimensionen ergibt sich die Verfügbarkeit der sozialen Rolle. Sie ist bei den Sozialisierungsrollen am geringsten, bei den Kontaktrollen am größten. Das Kriterium der Verfügbarkeit enthält also zwei Dimensionen: den Grad der Identifikation und die Stärke der Ich-Leistungen. Die Identifikation bezeichnet den Grad der Ablösbarkeit der Rolle von der Person des Rollenspielers: wieweit kann dieser sich von seiner Rolle distanzieren, wie leicht fällt es ihm, diese Rolle zu lassen und sich für sein Verhalten eine andere Rolle zu suchen. Der Begriff der Identifikation meint die Dichtigkeit, mit der eine Rolle dem Positionsinhaber auf den Leib rückt. Andererseits bezeichnet der Grad der Ich-Leistungen, wieweit der Rollenspieler seine Rolle inhaltlich variieren kann, ohne »aus der Rolle zu fallen«. Je größer die geforderten Ich-Leistungen und je geringer die geforderte Identifikation einer sozialen Rolle sind, desto leichter kann der Rollenspieler über seine Rolle verfügen, d. h. sich von ihr lösen, sie abwandeln und ausgestalten.

In Reaktion auf die ältere Rollentheorie wurde an der soziologischen Betrachtung des Menschen als eines Trägers von sozialen

Rollen vielfach Kritik geübt, wobei das Problem der Freiheit des Individuums ins Blickfeld rückte. Man behauptete bisweilen, die Rollentheorie begreife das Individuum ausschließlich als Rollenträger. Mit der Rollenübernahme begegne der einzelne der »ärgerlichen Tatsache« der Gesellschaft in Form von zwanghaft aufoktroyiertem Verhalten. Dieser Rollenmensch, der »homo sociologicus«,[16] sei einer, der sich seiner selbst entfremde, »entpersönlicht« werde. Demgegenüber ist einzuwenden, daß eine Gegenüberstellung von Person und Gesellschaft nicht denkbar ist, Individuierung immer zentral ein gesellschaftlicher Prozeß ist.[17] Weiterhin formen nicht allein Rollen die sozio-kulturelle Persönlichkeit. Grundsätzlich muß der Mensch außerdem im Spannungsfeld eines breiten Spektrums von Wert- und Normorientierungen gesehen werden, die eigene Entscheidung und Verantwortung erlauben. In vielen Bereichen vermag der Mensch unter Rollen auszuwählen. Zum anderen ist er konfliktfähig und kann die Gültigkeit von Rollenerwartungen in Frage stellen. Konflikte entstehen ja schon deshalb, weil nicht immer durch die Rollen die Bedürfnisse der Menschen befriedigt werden.

Weiterhin ist nicht immer von einer rigiden, engmaschigen Rollensetzung auszugehen, sondern auch von der Möglichkeit einer reflexiven Handhabung von Rollennormen, die Distanzierungsmöglichkeiten eröffnet. Distanzierung bedeutet hier nicht Ablehnung einer Position, sondern äußerlich nicht sichtbare, innere Distanz oder aber effektiv ausgedrückte Distanz zum eigenen Rollenspiel; mit offener Distanz bringt man zum Ausdruck, daß man sich der Rollenhaftigkeit und der Situationsbedingtheit bewußt ist und außerhalb dieses Verhaltensrahmens noch mehr und anderes ist. Eine Mentalreservation, in der das Engagement zurückgenommen und damit die Identifikation gelockert wird, oder aber Ironie, Scherz bzw. karikierende Überbetonung der Rollenhaftigkeit des Verhaltens sind solche Distanzierungsmöglichkeiten. Durch distanzierende Verhaltensweisen wird auch zum Ausdruck gebracht, daß man selbst in der Lage ist, das Rollenspiel zu gestalten und nicht auf präzise Verhaltensnormen angewiesen ist. Rollen bedeuten nicht nur eine Begrenzung von Handlungsmöglichkeiten, sondern auch relative Offenheit und Interpretationsbedürftigkeit, die Chancen der Selbstverwirklichung einräumen. Das Rollentheorem ist vor allem von amerikanischen Theoretikern zugunsten der Einbeziehung spontaner Ich-Leistungen und aktiver Rolleninterpretation kritisiert worden. Solche Spielräume sind nötig, damit die handelnden Subjekte, indem sie eine soziale Rolle übernehmen, zugleich sich als unvertretbare Individuen darstellen können. Eine vollstän-

dige Definition der Rolle, die die deckungsgleiche Interpretation aller Beteiligten bedeutet, ist allein in verdinglichten, nämlich Selbstrepräsentation ausschließenden Beziehungen zu realisieren.
Diese Möglichkeit, Freiheit und Individualität entfalten zu können, hängt entscheidend von dem Sozialisationsprozeß ab, dem der einzelne unterliegt.

Zur ersten Orientierung

M. Banton, Roles. An Introduction to the Study of Social Relations, London 1965

B. J. Biddle, E. J. Thomas, Role Theory: Concepts and Research, New York/London/Sydney 1966

D. Claessens, Rolle und Macht, München 1968 (Grundfragen der Soziologie, Bd. 6)

R. Dahrendorf, Homo Sociologicus. Ein Versuch zur Geschichte, Bedeutung und Kritik der Kategorie der sozialen Rolle, Köln und Opladen 8. Aufl. 1969

H. P. Dreitzel, Die gesellschaftlichen Leiden und das Leiden an der Gesellschaft, Stuttgart 1968 (Göttinger Abhandlungen zur Soziologie und ihrer Grenzgebiete Bd. 14)

U. Gerhardt, Rollenanalyse als kritische Soziologie, Neuwied und Berlin 1971 (Soziologische Texte Bd. 72)

N. Gross, W. S. Mason, A. W. Eachern, Explorations in Role Analysis, New York 1958

H. Popitz, Der Begriff der sozialen Rolle als Element der soziologischen Theorie, Tübingen 2. Aufl. 1968 (Recht und Staat, Heft 331/332)

3. Gruppe

Soziales Handeln, wie wir es bis jetzt analysierten, spielt sich zumeist in gesellschaftlichen Einheiten ab, die man als soziale Gruppen bezeichnet. Die Beschäftigung mit sozialen Gruppen gehört deshalb zu den zentralen Aufgaben der Soziologie. Die Bedeutung von Gruppen für den einzelnen wird klar, wenn man bedenkt, inwieweit der soziale Standort eines Menschen durch die Zugehörigkeit zu einigen wenigen Gruppen weitgehend definiert ist. Soziale Orientierungen an Normen, Rollen, abweichendes Verhalten, Konflikte, Sozialisation finden ihren lebendigen Ausdruck in menschlichen Gruppen.

Der soziologische Begriff der Gruppe ist zu unterscheiden von der Gruppe einerseits als Kategorie, andererseits als Bezeichnung menschlicher Aggregate und Massen. Gruppe als statistische Gruppe, Klasse oder Kategorie meint eine Gesamtheit von Personen mit irgendwelchen zähl- bzw. meßbaren gemeinsamen Merkmalen (z. B. alle Telefonbesitzer). Aggregate bezeichnen räumliche Ansammlungen von Menschen, wo Kontakte weitgehend fehlen, die Personen relativ anonym bleiben und nicht organisiert sind in dauerhaften Beziehungsstrukturen. Ebenso sind Massen lockere anonyme Formen kollektiven Verhaltens ohne dauerhaften, wechselseitigen Kontakt, wobei eine Menge entweder räumlich vereint oder verstreut (vereinzelt) gleichen Eindrücken ausgesetzt ist (Fußball- bzw. Fernsehzuschauer). Vornehmlich bei räumlich geeinten Massen zerfallen zeitweise bestehende Rollenstrukturen, soziale Kontrollen sind weitgehend abgebaut, was zu größerer Spontaneität und Emotionalität, Aufhebung kritischer Distanz, Regel- und Orientierungslosigkeit der Individuen führen kann. Es kommt hier oft zu emotionellen Übertragungen und zur Herausbildung von Stimmungen unter jenen, die gleichartigen Impulsen ausgeliefert sind. Diese Phasen der Unstrukturiertheit halten jedoch nur vorübergehend an.

Zu unterscheiden sind soziale Gruppen auch von jenen Phänomenen, die vielfach in der Alltagssprache als »gesellschaftliche« Gruppen bezeichnet werden, die gemeinsame Merkmale haben und oft ein Zugehörigkeitsbewußtsein der einzelnen Angehörigen aufweisen, aber nicht – zumindest nicht umfassend – in sozialen Systemen organisiert sind: z. B. Rassen, Schichten, Altersgruppen.

Soziale Gruppen hingegen bestehen aus mehreren sich in relativ dauerhaften und stabilen Beziehungen befindenden Mitgliedern. Jede Gruppe hat Ziele und auf diese hinorientierte Rollen. Die besondere Konstellation der Interaktionen und festen Beziehungsstrukturen grenzt eine Gruppe von anderen ab. Zur Struktur von Gruppen gehören außerdem zumeist Rangordnungen in Form von Führungspositionen. Führung muß dabei nicht in einer Person vereint und kann nach Bereichen getrennt sein. Die Führung steuert und kontrolliert die Aktivitäten der Gruppenmitglieder, sanktioniert abweichendes Verhalten, setzt Normen und definiert Ziele, schlichtet Konflikte, vertritt die Gruppe nach innen und außen.

Das Verhältnis von Individuen und sozialen Gruppen wird in zentraler Weise mit dem Begriff der Mitgliedschaft erfaßt. Er bezeichnet die Zugehörigkeit der Menschen zu sozialen Gruppen und umfaßt die daraus erwachsenden Rechte und Pflichten. Die Bedeutung der Mitgliedschaft zeigt sich sehr oft durch die Betonung des formellen Aspekts bei ihrer Verleihung, besonders bei auf Dauer angelegten Sozialeinheiten mit traditionell gewachsenen Normensystemen. Durch einen verbindlichen formellen Akt wird die Mitgliedschaft verliehen, so daß es leicht möglich wird, Mitglieder von Nichtmitgliedern zu unterscheiden.

Da die Mitgliedschaft in Sozialsystemen für das Individuum ein fundamentaler Bestandteil seiner Existenz ist, ist die Übertragung der Mitgliedschaft häufig ein feierlicher, öffentlicher Akt. Ein Beispiel hierfür ist die rituelle Aufhebung des Neugeborenen durch den römischen Paterfamilias. Die Mitgliedschaftsübertragung ist in fast allen »primitiven« Gesellschaften ein rituell bestimmter, öffentlicher Vorgang. Die Initiation ist hier in erster Linie zu nennen. In der modernen Gesellschaft ist die feierliche, öffentliche Verleihung der Mitgliedschaften im Staat nicht mehr gegeben. Die Übertragung erfolgt ohne besondere Form. Das gilt sowohl für die Staatsbürgerschaft als auch für die auf mehrere Stufen aufgeteilte Vollmitgliedschaft (Geschäftsfähigkeit, Strafmündigkeit, Volljährigkeit). Keinesfalls haben aber mit dem Staat auch alle gesellschaftlichen Gruppen auf die rituellen Momente der Mitgliedschaftsübertragung verzichtet. Das läßt sich nicht nur bei religiösen Gruppen, sondern auch bei Studenten-, Wissenschafts-, Parteien- und Militärgruppen u. a. nachweisen.

Vielfach ist es nicht leicht, zu entscheiden, wo bei einer Gruppe die Grenze zwischen Mitglied und Nichtmitglied liegt. Fehlt der formelle Aspekt, so sind neben der relativ dauerhaften Zugehörigkeit zu einem Normen- und Rollensystem subsidiär folgende Kriterien heranzuziehen: das subjektive Zugehörigkeitsgefühl bzw. die Selbstidentifizierung als Mitglied, die Häufigkeit der Interaktion mit anderen Mitgliedern, der Grad der Abhängigkeit von der Gruppe, das Maß der positiven Bindung an und der Umfang der Tätigkeit für die Gruppe. Um die Grenze im einzelnen Fall zu ziehen, sollte man mehrere dieser Kriterien berücksichtigen. Es lassen sich dann auch Kategorien von Mitgliedern unterscheiden, z. B. in einer Religionsgemeinschaft formelle und an dem Leben der Kirchengemeinde aktiv beteiligte Mitglieder.

Was das Verhältnis der Gruppenmitglieder zur eigenen und zu anderen Gruppen angeht, so entwickelt die Eigengruppe (in-group) bisweilen ein starkes Zusammengehörigkeitsgefühl (Wir-Bewußtsein), verbunden mit ausgeprägter Sympathie für diese Gruppe, während eine Fremdgruppe (out-group) oft abgewertet wird bis hin zu offener Feindseligkeit und diskriminierender Behandlung. Vielfach werden vereinfachende und verallgemeinernde Negativurteile über solche Fremdgruppen abgegeben, und es bilden sich Vorurteile heraus, hauptsächlich gegenüber Minoritäten oder Randgruppen.

Eine Identifikation mit der Zugehörigkeitsgruppe, also jener Gruppe, der man objektiv angehört, ist allerdings nicht die Regel. Oft dient einem Gruppenmitglied eine andere Gruppe als Identifikationseinheit, so z. B. eine dem Status nach höhere Gruppe mit größerer Bedeutsamkeit und größerer Handlungsrelevanz. Die Orientierung an einer solchen höher bewerteten Gruppe als Bezugseinheit (Bezugsgruppe = reference-group) kann zur Übernahme der dort üblichen Verhaltensweisen führen und den eigenen sozialen Aufstieg ermöglichen. Ist der Status der Zugehörigkeitsgruppe im Selbstverständnis eines Gruppenmitgliedes geringer als derjenige der Bezugsgruppe, so entsteht ein Gefühl der relativen Benachteiligung. Der Begriff der Bezugsgruppe beinhaltet in der Soziologie bisweilen auch eine Kontra-Identifikation, d. h. die Abgrenzung zu einer negativen Bezugsgruppe, wobei dann ein Gefühl der relativen Belohnung entsteht.

Unter den wissenschaftlichen Arbeiten zur sozialen Gruppe gibt es heute insbesondere eine breite Literatur mit Analysen der Prozesse in kleinen Gruppen. Beanspruchten im 19. Jahrhundert die Makrostrukturen von Gesellschaft, Staat und Verbänden vornehmlich die Aufmerksamkeit, so entwickelte sich alsbald eine sozialpsychologisch orientierte Erforschung von Mikrostrukturen. Diese Kleingruppenforschung dominiert noch heute in der Sozialpsychologie. Hier wurden hauptsächlich folgende Dimensionen, zumeist mit Hilfe des sozialen Experiments, analysiert:

- interne Strukturen von Gruppen, wie z. B. Unterschiede der Funktionen zustande kommen und sich Führungspositionen herausbilden;
- Funktionen und Dysfunktionen von Gruppen für andere Systeme;
- Zusammenhang zwischen Gruppenkohäsion und individuellem und kollektivem Verhalten;
- Bedeutung des Führungsstils für die Interaktionen und Leistungsfähigkeit von Gruppen;
- Beeinflussung von Wahrnehmung und Urteil einzelner Mitglieder durch Gruppen;
- Zusammenhang zwischen Gruppenstruktur (Konfiguration) und Effizienz von Kommunikationsabläufen;
- Art der Interaktionen, ob sie z. B. mehr der instrumentellen

Bewältigung einer Situation gelten oder mehr der Steuerung affektiver Beziehungen der Mitglieder dienen;
- Prozesse des Zueinander oder Auseinander von Gruppenangehörigen durch die Ermittlung positiver bzw. negativer Wahlakte (beispielsweise durch die Fragen, mit wem ein Mitglied am liebsten zusammenarbeiten, seinen Urlaub verbringen, erotische Beziehungen aufnehmen möchte).

Alle diese Untersuchungen liefern in sich vielfach widersprüchliche Ergebnisse, die sich im Rahmen einer Grundlegung der Soziologie nicht darstellen lassen; wir müssen uns mit einem heuristischen Problemkatalog begnügen. Dies auch deshalb, weil sich bei fast allen diesen Forschungen ein grundsätzliches methodisches Problem stellt. Die meisten der Kleingruppenuntersuchungen hatten ad-hoc zusammengesetzte Gruppen zum Gegenstand, also eher Ansammlungen von Menschen als soziale Gruppen. Falls eine solche untersuchte Gruppe keine relativ feste Struktur besitzt und sich nicht auf Dauer hin zusammenfindet, wenn die Aufgaben für diese Gruppen recht künstlich bleiben und vordergründige Motivationen angesprochen werden, dann sind alle jene Voraussetzungen ausgeschaltet, die reale Gruppenbezüge kennzeichnen; es fragt sich, ob aus dem Verhalten in künstlichen, experimentellen Situationen sich Regelmäßigkeiten oder gar - wie oft postuliert - Gesetzmäßigkeiten ableiten lassen. Diese Untersuchungen sehen zudem bei der Analyse von Interaktionen zumeist von zentralen Bestimmungsgrößen ab, z. B. von Themen und Inhalten der Interaktionen und Kommunikationen und den diversen strukturellen Bezügen der Probanden. Schon diese Aporien machen deutlich, wie problematisch es ist, Soziologie zentral als sozialpsychologische »Gruppenwissenschaft« zu verstehen. Allerdings haben viele dieser Untersuchungen die Dimensionen transparent gemacht, die bei der Analyse von Gruppen relevant sind und in Gruppenbegriffe eingehen müssen.
Innerhalb der Vielzahl von Gruppenformen hat man nach Mitgliederzahl, Art der Interaktion, Zwecken, Zielen, Arten der Mitgliedschaft, innerer Struktur und Organisationsform, Bedeutung und Leistung für einzelne Angehörige zu unterscheiden versucht. Wir streben an, wesentliche morphologische Unterschiede herauszuheben und in zwei Begriffen zusammenzufassen, indem wir nach Merkmalskomplexen differierende Gruppenbegriffe bilden: die der Klein- und Großgruppe. Freilich erfüllen nicht alle Gruppen alle Merkmale eines der beiden Begriffe. Eine konkrete soziale Gruppe entspricht dann mehr oder weniger einem der beiden Typen.

Unter Kleingruppen verstehen wir mit G. C. Homans kleine, überschaubare Einheiten, in denen jede Person mit allen anderen in Verbindung treten kann, und zwar nicht nur unmittlbar über andere Menschen, sondern von Angesicht zu Angesicht (face-to-face-relation). Hier erfährt der Mensch soziale Zusammenhänge unmittelbar, und grundlegende Erfahrungen werden hier in intimen, persönlichen Beziehungen vermittelt. Dies gilt insbesondere für jene Gruppen, die durch den Sozialisationsprozeß (in der Familie, der Nachbarschaft oder der Spielgruppe) den Menschen entscheidend prägen und die Weichen stellen für seine spätere Entwicklung. Solche Gruppen heißen bei C. H. Cooley primäre Gruppen, weil sie die ersten und wichtigsten sind, die dem Heranwachsenden ein Gefühl für soziale Einheit vermitteln durch persönliche, direkte und intime Kontakte und durch unmittelbare Bekundung der Billigung oder Mißbilligung von Handlungen. Interaktionen sind in Kleingruppen recht häufig und affektiver besetzt als in Großgruppen; hier geht es um partikularistische, ganz persönliche Beziehungen, z. B. zwischen Vater und Sohn. Die Bewertung der Person erfolgt nicht primär vom jeweiligen Leistungsbeitrag her, sondern nach persönlichen Qualitäten. Die Ziele in diesen Gruppen sind recht diffus, nicht in dem Maße spezifisch wie in Großgruppen, sondern tragen der Vielfalt menschlicher Bedürfnisse Rechnung. In Großgruppen dominieren klar umrissene Rollen und Statuspositionen, die Erwartungen an das Verhalten erweisen sich als fast gänzlich invariant gegenüber den verschiedenen Positionsinhabern, die Ziele sind stärker vorgegeben und von spezifischen Leistungsbeiträgen her bestimmt. T. Parsons zeigt in vier typischen Alternativen seines Schemas der »pattern variables«[18] diese Handlungsunterschiede auf:

affektive Orientierung	–	affektiv-neutrale O.
partikularistische O.	–	universalistische O.
O. an vorgegebener Qualität (description)	–	O. an Leistung
funktional diffuse O.	–	funktional spezifische O.

Diese Parsonschen Merkmale sind weitgehend identisch mit den Tönniesschen Kategorien von Gemeinschaft und Gesellschaft, wobei F. Tönnies[19] die Scheidung der Begriffe nicht nur als ein analytisches Instrument verstand, sondern die seit dem 19. Jahrhundert immer zahlreicher werdenden Großgruppen zum Anlaß kulturkritischer Feststellungen nahm unter dem Hinweis auf ihren unpersönlichen, funktionell-spezifischen und leistungsbezogenen Charakter. Der Gemeinschaftsbegriff geriet alsbald in das Spannungsfeld gesellschaftspolitischer Positionen, wobei die Gesellschaft verdammt wurde, weil die Menschen sich in organisierten, von Leistung und Interessengegensätzen geprägten Zweckgebilden entfremdeten. Demgegenüber ist zu sagen, daß die heutige hochindustriealisierte Gesellschaft unpersönlicher, komplexer, in Richtung auf spezifische Aufgabenteilung organisierter Großgruppen bedarf. In Großgruppen wie Industriebetrieben, Verbänden, Anstalten erfolgen der Einsatz verfügbarer Mittel nach dem Maßstab der Leistungswirksamkeit, die formelle Koordination aller Personen als Leistungsträger, wobei sich verstärkt hierarchische Strukturen ergeben, und die Zuordnung von Aufgaben und Leistungsträgern nach zweckbezogenen Kriterien.

Große, komplexe, zweckgerichtete und rational aufgebaute soziale Gebilde bezeichnet man in der Soziologie als soziale Organisationen.[20] Sie sind gekennzeichnet durch arbeitsteilig differenzierte Tätigkeiten, die durch ein Regelsystem explizit festgelegt und bestimmten Positionen als Aufgaben zugeordnet werden. Dies ist eine Minimaldefinition, die nichts darüber aussagt, um welches Organisationsziel es sich handelt, wie die Mitglieder rekrutiert werden, ob die Mitgliedschaft freiwillig oder gezwungen ist, ob die Mitglieder mehr oder weniger beansprucht werden, wie es im einzelnen um die innere Struktur der Gebilde bestellt ist. Organisationen finden sich auf fast allen Lebensgebieten und umfassen z. B. Industriebetriebe, Krankenhäuser, Gefängnisse, Schulen, Universitäten, Verwaltungsbehörden, Militärverbände, Parteien, Gewerkschaften, Berufsverbände. Der soziologische Begriff umfaßt wesentlich mehr, als was in der Umgangssprache zumeist mit Organisation bezeichnet wird, nämlich freiwillige Vereinigungen und Verbände.

Eine scharfe Trennung der Organisationen von anderen sozialen Gebilden ist schwierig. Hier geht es oft um Gradunterschiede, d. h. im konkreten Fall können die Definitionsmerkmale mehr oder weniger erfüllt sein. Organisationen müssen gegen solche Gruppen abgegrenzt werden, die zu undifferenziert und zu klein sind, um diese Bezeichnung zu rechtfertigen. So fehlen z. B. in einer Arztpraxis zwar nicht der spezifische Zweck, eine arbeitsteilige Gliederung und eine rationale Ordnung; eine Organisation muß aber eine Mindestgröße besitzen, da wichtige Organisationsmerkmale erst hier auftreten. Erst eine gewisse Größe gibt Anlaß zu komplexer, arbeitsteiliger Organisation. Hier sind die Mitglieder nicht mehr durch ständigen Kontakt von Angesicht zu Angesicht verbunden; niemand vermag mehr die Tätigkeiten persönlich und gleichzeitig zu beobachten und durch ad-hoc-Anordnungen zu steuern. Eine fixierte Regelordnung mit abgegrenzten Kompetenzen, definierten Rollen und delegierter Herrschaft, d. h. Anordnungs- und Gehorsamspflichten, wird damit unerläßlich.

Diese Merkmale bezeichnet man in der Soziologie mit Formalisierung, um auszudrücken, daß die Tätigkeiten in einer Organisation von festgelegten Regeln bestimmt werden. Organisieren heißt, generelle Dauerregelungen für zweckgerichtetes Handeln zu schaffen anstatt durch Improvisation und Disposition Anordnungen zu treffen.

Der Begriff der Formalisierung deckt sich weitgehend mit dem Weberschen Idealtypus der Bürokratisierung, wiewohl M. Weber noch weitere Merkmale moderner Bürokratie anführt: die Trennung der Mitglieder von den Betriebsmitteln, die Tatsache, daß Positionen nicht persönliches und u. U. sogar erbliches Eigentum sind, die Vertragsbindung der Mitglieder an die Organisation, die Auslese nach fachlicher Qualifikation, die feste Besoldung, die hauptberufliche Tätigkeit und den Aufstieg in Laufbahnen. Diese Merkmale sind jedoch nicht Bestandteile dessen, was man als Formalisierung bezeichnet, sie gelten nicht für alle Organisationen; sie sind aber Bedingungen, die Formalisierung erleichtern.

Versucht man, Organisationen nach Zielen zu differenzieren, so bieten sich die drei Typen von R. Mayntz an:[21]

1. das Organisationsziel erschöpft sich im wesentlichen im Zusammensein der Mitglieder, in ihrer gemeinsamen Beteiligung und dem dadurch geförderten Kontakt (z. B. Freizeitvereine, Klubs); allerdings ist hier sehr oft der Organisationsgrad sehr gering;
2. Ziel ist hier, auf bestimmte Weise auf eine Personengruppe einzuwirken, die zu diesem Zweck – zumeist vorübergehend – in die Organisation aufgenommen wird (Gefängnisse, Schulen, Universitäten, Krankenhäuser);
3. bei der dritten Kategorie handelt es sich um Leistungen, die erstellt, oder Außenwirkungen, die erzielt werden sollen (Organisationen des Wirtschaftslebens wie Betriebe, Verwaltungen, Polizei, Interessenverbände).

Als zentrale Fragestellungen haben sich in der Organisationssoziologie folgende Probleme herauskristallisiert:

- verfolgt die Organisation legale oder illegale Ziele;
- handelt es sich um klar definierte Ziele;
- wie wandeln sich Ziele in Anpassung an die Veränderung innerer und äußerer Gegebenheiten;

- welche Probleme tauchen auf, wenn die bisherigen Ziele einer Organisation überflüssig oder erreicht werden und ersetzt werden müssen;
- gibt es neben Hauptzielen noch Nebenziele;
- entstehen Zielkonflikte, weil eine Organisation mehrere, nicht ganz miteinander vereinbare Ziele gleichzeitig verfolgt oder verschiedene Gruppen innerhalb oder außerhalb der Organisation nicht darin übereinstimmen, welches Ziel die Organisation verfolgen soll;
- wie werden in einer Organisation die Aufgaben systematisch geordnet (Rollenstruktur!);
- auf welche Weise vollzieht sich die Kommunikation (horizontal-vertikal; von oben nach unten, von unten nach oben; welche Inhalte sind es; direkt oder indirekt; mit welchen Absichten wird kommuniziert etc.);
- wie sieht die in Regeln festgelegte Verteilung von Entscheidungs- und Anordnungsbefugnissen einerseits, Ausführungs- und Gehorsamspflichten andererseits aus (Herrschaftsstruktur);
- wie werden Mitglieder rekrutiert für die Organisation, zum Bleiben veranlaßt und dazu gebracht, daß sie ihre Rollen spielen.

Die Soziologie interessiert sich allerdings nicht nur für eine Organisation, soweit sie eine formalisierte zielgerichtete Ordnung darstellt, sondern für das Gebilde als Ganzes, mit allen ungeregelten und unvorhergesehenen Prozessen, die darin ablaufen: z. B. für Machtausübung anstatt positional verorteter Herrschaft, für regelmäßige Abweichungen von Normen, für spontanes, einer bestimmten Interessenlage entspringendes, nicht normativ orientiertes und relativ dauerhaftes Verhalten. Wollte man eine Organisation nur als ein System von rational geordneten Rollen begreifen, dann müßte man einen großen Teil dessen, was das soziale Leben in einer Organisation bestimmt, auslassen.

Obwohl in Großgruppen die formelle Organisation, die normativ die Rechte und Pflichten der Mitglieder festsetzt, vorherrscht, gibt es innerhalb dieser Gebilde auch sogenannte informelle Gruppen. Dieser Begriff wurde zuerst in der empirischen Betriebssoziologie angewandt und beinhaltet nicht auf spezifische Funktionen und Sachzwecke ausgerichtete Interaktionen von Betriebsangehörigen in Form von Freundeskreisen, Cliquen etc., also in Verbindungen außerhalb der offiziellen Organisationsstruktur. Während die formale Organisation die bewußt durch ein System von Anordnungen und Regelungen geschaffene Zueinanderordnung von

menschlichen Funktionsträgern meint, ist die informelle Organisation derjenige Komplex von formell nicht geplanten und beabsichtigten sozialen Abläufen und Phänomenen im Betrieb, die aus der Tatsache entstehen, daß die Betriebsangehörigen soziale Wesen sind und in ihrem Verhalten nicht nur von den Anforderungen der Betriebsleitung, sondern auch von ihrer Herkunft, ihren Sitten, Wünschen und Erwartungen bestimmt werden.
Eine Organisation ist nicht immer ein harmonisches, völlig integriertes Ganzes, sondern Teile und Ganzes bzw. Teile untereinander stehen in Spannungen und Gegensätzen. Rollen tragen zwar zur Erfüllung der Organisationsziele bei, sie können aber auch negative (dysfunktionale) Wirkungen für verschiedene Teilsysteme oder das Ganze haben; dabei können solche Wirkungen latent oder manifest sein. Die Interdependenz zwischen Elementen der Organisation darf nicht nur im Sinne positiver gegenseitiger Leistung, sondern muß bisweilen ebenso als Konfliktverhältnis begriffen werden.

Zur ersten Orientierung

R. Battegay, Der Mensch in der Gruppe, Bd. 1, Bern und Stuttgart 1967

G. C. Homans, Theorie der sozialen Gruppe, Köln und Opladen 2. Aufl. 1965

G. Lapassade, Gruppen, Organisationen, Institutionen, Stuttgart 1972

R. Mayntz, Soziologie der Organisation, Reinbek b. Hamburg 1963

Th. M. Mills, Soziologie der Gruppe, München 3. Aufl. 1971 (Grundfragen der Soziologie Bd. 10)

M. S. Olmsted, Die Kleingruppe. Soziologische und sozialpsychologische Aspekte, Freiburg i. Br. 1971

K. M. Setzen, Die Gruppe als soziales Gebilde, Heidenheim 1971

4. Sozialisation

Eine Theorie, die soziales Handeln beschreiben und erklären möchte, muß auch den Prozeß, durch den die in einer Gesellschaft herrschenden Werte, Normen und Techniken vermittelt und verbindlich gemacht werden, mitumfassen. Es handelt sich hier um ein Geschehen, durch das ein Individuum, das mit einer enormen Variationsbreite von Verhaltensmöglichkeiten geboren wird, zur Ausbildung eines weit enger begrenzten Verhaltens geführt wird. Der Mensch ist auf Grund seiner anthropologischen Bedingtheiten, die im wesentlichen mit den Charakteristiken der »Exzentrität«, »Offenheit« und »Plastizität« umschrieben werden können, auf die Existenz von Gesellschaft angewiesen.[22] Mit »Exzentrität« ist gemeint, daß der Mensch, im Gegensatz zum Tier, ein sich selbst reflektierendes Wesen sein kann und sein muß; mit »Offenheit«, daß er als Ersatz für ein ihn leitendes Instinkt-Umwelt-System eine »künstliche Natur« braucht, mittels derer ihm Ordnung vorgegeben ist; mit »Plastizität«, daß er von hoher Aufnahme- und Anpassungsfähigkeit ist, so daß er potentiell jeder Kultur »anformbar« wird.

Durch das Hineinwachsen in soziale Systeme als besondere Entwürfe gesellschaftlicher Handlungsfelder vollzieht sich die Integration von personalem und kulturell-sozialem System. Die Hilfsbedürftigkeit des Menschen verweist ihn, besonders in der frühen Kindheit, auf Interaktion, und zwar so, daß er nicht nur Nahrung, Schutz und affektive Zufuhr erhält, sondern ihm auch soziokulturelle Orientierungsmuster und Handlungstechniken beigebracht werden.

Sozialisation bedeutet also Erziehung, allerdings nicht nur im Sinne von bewußter, intentionaler Einflußnahme (z. B. eines Lehrers auf einen Schüler), sondern einschließlich aller kulturell-sozialer Einflüsse und Erfahrungen, die den Menschen prägen.

Um die Bereiche zu bestimmen, innerhalb derer sich Sozialisation für den einzelnen abspielt, ist die Erfassung der Gesellschaft und ihrer Teilbereiche notwendig, denen der Sozialisand und seine Interaktionspartner angehören. Sozialisand meint dabei die Person, deren Verhaltensweisen und Einstellungen im Sinne eines Sozialisationszieles verändert werden, während die für diesen Vorgang bestimmenden Interaktionspartner die Sozialisatoren darstellen.

Sozialisation ist ein in allen Gesellschaften aufweisbarer Prozeß. Andererseits ist sie auf die besonderen kulturellen und sozialen Strukturen der verschiedenen Gesellschaften bezogen und erfährt hier ihre spezifische Ausprägung. Gesellschaft als menschliche Existenzbedingung kann nur dadurch erhalten werden, daß eine permanente Substitution von Handlungsträgern gewährleistet ist: die gesellschaftliche Antwort auf dieses Problem erfolgt in systemspezifischen Sozialisationsstrategien. Der Prozeß der Sozialisation läßt sich begrifflich differenzieren in die Prozesse der Enkulturation, Sozialisierung und Personalisation.[23]

Mit Enkulturation ist der Prozeß gemeint, in dem jemand die Kultur seiner Gesellschaft lernt. Hier handelt es sich um die Aneignung und Verinnerlichung von kulturspezifischen Erfahrungen,

Technologien, Werten, Symbolen, Gefühlen, Denkweisen und Deutungssystemen zur Entfaltung und Sinndeutung der eigenen und der Gruppenexistenz.

Sozialisierung bezeichnet den Vorgang der Beeinflussung, Führung und Prägung von Menschen durch normative Verhaltenserwartungen und Verhaltenskontrollen der Interaktionspartner. Hiermit ist auf jenen Prozeß Bezug genommen, in dem jemand die Normen einer Gesellschaft übernimmt und in Gruppen eingegliedert wird. Die Gesellschaft begegnet ja dem einzelnen über verschiedene soziale Gebilde, fordernd, bedrohend, strafend, mit Anpassungszwang dem Sozialisanden gegenüber; sie übt Druck auf ihn aus, sich in normative Handlungszusammenhänge einzuordnen und Rollenträger zu werden. Sozialisierung wird in der soziologischen Theorie zumeist in Bezug auf das Konzept der sozialen Rolle definiert: sie sei als Integration in bestehende Rollensysteme zu verstehen. Auf dem Wege der Sozialisierung genannten Lernprozesse übernehmen Handelnde Normorientierungen, Kenntnisse, Techniken und Motive, die sie instand setzen, soziale Rollen zu spielen. Die Sozialisierungsvorgänge sorgen dafür, daß Individuen von sozialer Struktur »durchdrungen« werden und das fundamentale Erfordernis, nach geltenden Normen zu handeln, erfüllen können. Der Mensch wird durch seine Lernerfahrungen von einem zunächst mehr rezeptiven Wesen zu einem Träger mannigfaltiger Funktionen in Gestalt von Rollen und Vollmitglied in einem Sozialsystem.

Die soziologische Theorie der Enkulturation und Sozialisierung begreift den Individuierungsvorgang als einen Prozeß der Vergesellschaftung des einzelnen. Damit darf aber nicht suggeriert werden, als ginge es um einen einfachen Anpassungsmechanismus, der Individuen keine Freiheiten der individuellen Entfaltung belasse. G. Wurzbacher[24] hat deshalb den Begriff der Personalisation eingeführt; er versteht hierunter die Selbstformung und -steuerung der eigenen Triebstruktur und die sinngebende, koordinierende, verantwortlich gestaltende Rückwirkung von Individuen auf die Faktoren Gesellschaft und Kultur. Personalisation bedeutet die Ausbildung und Anwendung der Fähigkeit der Integration des sozialen und kulturellen Pluralismus. Dieser Pluralismus kommt in Unterschieden und Gegensätzen zwischen konkurrierenden Werten, Normen, Sozialbereichen, Sozialpartnern, Kulturen und Subkulturen zum Ausdruck; er fordert die Menschen als Person, d. h. als bewertende, unterscheidende, gestaltende, integrierende und koordinierende Wesen. Der einzelne wird nicht einfach in Verhaltensmuster hineingezwängt, sondern vermag mehr oder weniger zwischen Alternativen zu wählen und diese individuell zu gestalten. Viele kulturkritische Begriffe wie Außenleitung, Vermassung, Manipulierung, Entfremdung, Funktionalisierung enthalten diese Komponenten des Begriffs der Personalisation als Maßstab kritischer Bewertung sozialen Handelns.

Vielfach unterscheidet man im Rahmen der Sozialisationstheorie neben Enkulturation, Sozialisierung und Personalisation auch zwischen primärer und sekundärer Sozialisation. Unter primärer versteht man den Vorgang, bei dem ein Kind die grundlegende Handlungsfähigkeit als soziales Subjekt erlernt, was in unserer Gesellschaft zentral in der Familie geschieht, während der Begriff der sekundären Sozialisation die hierauf aufbauende Phase bezeichnet, in denen neue Handlungsfelder, Rollen, Kenntnisse und Fertigkeiten erworben werden. In der sekundären Phase lernt das Kind, unter allmählichem Abbau der familiaren Verhaltensmuster des Affektiven, weniger Leistungsbezogenen, Partikularistischen und Diffusen sich in organisierte spezifische Leistungsvollzüge einzuordnen.

Bereits in der Schule nehmen Wettbewerbs- und Konkurrenzverhältnisse zu; der einzelne erlebt Belohnung und Bestrafung durch eine größere Gemeinschaft, muß lernen, rationaler zu handeln, Verantwortung zu zeigen, Konflikte zu bewältigen, sinnvoll sich in Ordnung einzufügen, Selbstkontrolle zu üben und spezielle kognitive Aufgaben zu übernehmen. Das Kind lernt andere Bezugssysteme und Sozialpositionen als in der Familie kennen und gewinnt damit neue Möglichkeiten des Lernens.

Auf die Schule folgen in der Regel Berufsausbildung und Wahrnehmung der Berufsrolle, die Übernahme von Ehegatten- bzw. Vater-Mutter-Rolle. Freilich ist der Sozialisationsprozeß nie abgeschlossen, ständig sind neue Rollen zu erlernen, im Alter, bei Krankheit, Umschulung etc.; die wesentlichen Prägungen erfolgen jedoch in der Herkunftsfamilie, Schule, Berufsausbildung und -ausübung, in der eigenen Familie, um die wichtigsten Sozialisationsinstanzen zu nennen. Durch die Erziehung in der Herkunftsfamilie, Schul- und Berufsausbildung werden bereits die Weichen für die spätere Position im Funktions- und Schichtgefüge gestellt. Hier erfährt das Individuum bereits weitgehend seine soziale Allokation, werden doch in diesen Institutionen die entscheidenden Kenntnisse, Fertigkeiten und Persönlichkeitseigenschaften vermittelt, die für die spätere Verteilung der Rollen in einem Sozialsystem relevant sind. Familie, schulische und berufliche Sozialisation üben also eine für das weitere Leben bestimmende Plazierungsfunktion aus.

Besonders rückte ins Blickfeld der Theorie die primäre Sozialisationsphase in der Familie, weil hier schwer reversible, das ganze spätere Verhalten prägende Orientierungen vermittelt werden.
Die erste Phase der frühkindlichen Entwicklung führt von einem instinktgesteuerten Zustand zum Aufbau der ersten festen und geregelten Beziehung mit sozialen Objekten, vor allem mit der Mutter. Die Wechselbeziehung zwischen beiden besteht darin, daß das Kind nach Nahrung, Pflege und Zärtlichkeit verlangt und die Mutter diese Bedürfnisse erfüllt; zugleich aber gibt sie den Ton und die Richtung des dyadischen Verhältnisses an: das Nahrungsbedürfnis des Säuglings wird nur in bestimmtem Maße und zu bestimmten Zeiten erfüllt; er wird liebkost, aber nur, wenn die Mutter es für richtig hält. Die Fürsorge wird dann nicht als automatische Folge organischer Spannungszustände, sondern als Antwort auf eigenes Verhalten und eigene Intentionen erlebt. Immer mehr werden in der Folge an den Säugling Forderungen nach größerer Selbständigkeit gestellt, wobei die liebevolle Haltung der Mutter zunehmend abhängig gemacht wird von dem erwarteten Verhalten des Säuglings.
Wichtig für das Gelingen der Sozialisation ist, daß die Mutter als Führungs- und Pflegeperson in dieser frühen Phase der Sozialisation auftritt. Jedoch kann eine andere Dauerpflegeperson, eine sogenannte Ersatzmutter, an Mutter Statt treten. Daß eine starke »affektive Zufuhr« einer ständigen Bezugsperson für die Herausbildung eines »Urvertrauens«[25] des Kindes unabdingbar ist und ihr Fehlen körperliche und seelische, den weiteren Sozialisationsprozeß beeinflussende Schäden zeitigt, ist vielfach nachgewiesen worden.
Die soziale Erlebniswelt des Kindes besteht also zunächst in der Regel vornehmlich aus zwei Rollen: aus der seiner Mutter und der eigenen. Alsbald wird die Dominanz des Mutter-Kind-Systems etwas abgebaut und das Kind kommt immer mehr mit dem weiten Kreis der Familie in Kontakt. Besonders tritt die über die Grenze der Familie hinweg nach außen gerichtete, instrumentell orientierte Rolle des Vaters stärker hervor.
Die Familie bildet als face-to-face-Gruppe ein auch räumlich abgegrenztes und überschaubares Feld sozialer Beziehungen und vermittelt dem Kind eine gewisse Sicherheit und Geborgenheit. Die Chance, in diesem Schonraum feste Beziehungen mit Partnern aufzubauen, indem zunächst relativ wenige und einfache, nach Generation und Geschlecht differierende Rollen eingeübt werden, ist unter diesen Bedingungen recht günstig.
In der frühkindlichen Sozialisation lernt das Kind vielfach durch

Beobachtung und Nachahmung. Eltern setzen Modelle, zu denen sich Kinder konform verhalten. Solche Imitationen können bei motorischen Bewegungen, bei Fertigkeiten in der Lösung von Problemen, im Sprechen und bei mimischen Bewegungen am leichtesten festgestellt werden. Es besteht die Tendenz, das Verhalten einer geliebten Person nachzuahmen und ihren Erwartungen zu entsprechen; emotionale Bindungen sind für solche Identifikationen mit den Standards erwachsener Personen von großer Bedeutung. Allerdings wird nicht alles Verhalten durch solche Mechanismen gelernt.

Die behavioristische Psychologie hat mehr auf die »Verstärkungen« (reinforcement) eines Verhaltens abgestellt, durch die Verhaltensänderungen oder ein Verhaltensaufbau erfolgen. Belohnung und Bestrafung stehen hier als Instrumente der Sozialisation im Vordergrund. Die Mutter verknüpft z. B. die Befriedigung von Bedürfnissen des Kindes mit Geboten und Verboten. Sie bestimmt, was das Kind lernen soll, sie legt die Normen für erwünschtes Verhalten fest. Wenn das Kind sich den Normen entsprechend verhält, belohnt sie es, für Abweichung wird es bestraft. Sie kann z. B. das Kind loben, ihm ihre Anteilnahme zeigen, indem sie es herzt und küßt, sie kann ihm auch kleine Privilegien einräumen. In anderen Fällen wird die Mutter dem Kind gegenüber Enttäuschung ausdrücken, es vielleicht in ein Zimmer einsperren oder sogar physisch bestrafen. Man kann entsprechend der sozialpsychologischen Lerntheorie das Verhalten der Mutter als ein Muster von Verstärkungen auffassen; durch dieses werden erwünschte Verhaltensweisen begünstigt, unerwünschte unterdrückt und ausgelöscht.

Mit der weiteren Entwicklung des Kindes verlieren Sanktionen für die Steuerung des Verhaltens immer mehr an Gewicht. Viele Verhaltensweisen werden nämlich internalisiert: Internalisierung bezeichnet den Prozeß der Übernahme von ursprünglichen Fremderwartungen als Eigenerwartungen. Damit Kulturmuster, Werte und Normen fest verinnerlicht werden, müssen sie mit der affektiven Struktur der Persönlichkeit verbunden sein und positiv bewertet werden, so daß eine Verletzung unabhängig von äußerer Strafe Schuldgefühle hervorruft. Verinnerlichung bedeutet also eine Internalisierung der Kontrolle. So haben z. B. Kinder elterliche Normen zu eigenen Normen gemacht und empfinden Schuldgefühle, weil sie sich abweichend verhalten. Die Kinder müssen nach vollendeter Internalisierung in gewissen Verhaltenbereichen nicht mehr überwacht, ihr Verhalten braucht (im Idealfall) nicht mehr von außen mit Sanktionen gestützt werden.

Den wichtigsten Einfluß auf die Theorie der Internalisierung von Normen und Werten und der Ausbildung des Gewissens übte S. Freud aus mit seinen Aussagen über die Entstehung des Überich. Freud spricht im Hinblick auf die Persönlichkeit von Es, Ich und Überich. Kriterium des Handelns für das Es ist das Lustprinzip, das Streben nach der unmittelbaren Befriedigung von Trieben und Wünschen. Durch diese Instanz allein wäre der Mensch, der Probleme lösen, für die Zukunft planen und unmittelbare Befriedigungen zurückstellen muß, nicht lebensfähig. Das Ich ist nun jene Instanz, durch die nach dem Realitätsprinzip das Verhalten auf solche Anforderungen hin reguliert wird: Denken, Gedächtnis, Lernen spielen hier eine zentrale Rolle. Das Ich steht zwischen dem Es und der externen Welt, damit auch die externen Anforderungen erfüllt werden. Der Mensch handelt aber nicht nur auf Grund des Lust- und Realitätsprinzips, sondern auch in Übereinstimmung mit moralischen Prinzipien; in der Persönlichkeit ist diese Moral durch das Überich repräsentiert. Seine Aufgabe ist es, die Triebe in Übereinstimmung mit den moralischen Standards zu kontrollieren. Dieses Überich hat zwei Aspekte: Ich-Ideal und Gewissen. Das Ich-Ideal repräsentiert die ethischen Forderungen, das Gewissen wacht darüber, daß das Ich-Ideal angestrebt wird, indem es Abweichungen mit Schuldgefühlen und Konformität durch Gefühle der inneren Befriedigung belohnt. Ein Kind verhält sich nicht schon zu Beginn seines Lebens sich selber gegenüber strafend und belohnend; das tun am Anfang nur die Eltern. Erst allmählich übernimmt das Kind diese Normen und macht sie zu eigenen Verhaltensimperativen.

Neben der frühkindlichen Sozialisation gewann die neuere soziologische Forschung – vielfach orientiert an dem gesellschaftspolitischen Postulat der Chancengleichheit der Mitglieder einer Gesellschaft – besonderes Interesse an dem Problem der Entwicklungsbarrieren für Kinder aus bestimmtem sozialem Milieu. Man stellte fest, daß viele Menschen auf Grund defizienter Sozialisation in ihren Lebenschancen stark beeinträchtigt werden. In diesem Rahmen wurde insbesondere der Tatbestand schichtenspezifischer Sozialisation diskutiert; je nach Schichtzugehörigkeit der Herkunftsfamilie werden verschiedene Einstellungen, Werthaltungen, Erziehungspraktiken, finanzielle Möglichkeiten etc. für die Sozialisation der Kinder wirksam, wobei als Folge der Erziehung Kinder aus Unterschichten in viel geringerem Maße als Kinder aus der Mittel- und Oberschicht die Chance haben, späterhin in der Schule die geforderten Leistungen zu erbringen, weiterbildende Schulen zu besuchen und im Beruf höhere Positionen einzunehmen. Sekun-

däre Sozialisation in Schule und Berufsausbildung verstärken oft noch diese Sozialisationsdefizite, anstatt sie auszugleichen.
Ausgangspunkt für diese gesellschaftskritischen Analysen sind die Ergebnisse der psychologischen und sozialpsychologischen Begabungsforschung, die zeigen, daß neben dem genetischen Potential sozio-kulturelle Gegebenheiten einen bedeutsamen Faktor darstellen für die Begabung. Diese ist weitgehend von Lernprozessen abhängig. Innerhalb des Wirkungszusammenhanges von Anlage, Reifung und Umwelt stellt die psychologische Lerntheorie stark auf die Entwicklungs- und Trainingsimpulse der sozialen Umwelt ab. Die menschliche Entwicklung wird entscheidend gefördert oder vernachlässigt, beschleunigt oder gehemmt durch Stimulanz und Anspruch der sozialen Umgebung.
Der Aspekt der schichtenspezifischen Sozialisation zeigt, daß Sozialisation immer auch in einem gesamtgesellschaftlichen Zusammenhang gesehen werden muß, also im Kontext von Makrostrukturen.

Zur ersten Orientierung

M. Argyle, Soziale Interaktion, Köln 1972
D. Claessens, Familie und Wertsystem, Berlin 2. Aufl. 1967 (Soziologische Abhandlungen Bd. 4)
H. Fend, Sozialisierung und Erziehung. Eine Einführung in die Sozialisierungsforschung, Weinheim/Berlin/Basel 4. Aufl. 1971 (Studien zur Erziehungswissenschaft Bd. 5)
P. Fürstenau, Soziologie der Kindheit, Heidelberg 1971 (Gesellschaft und Erziehung Bd. 3)
W. Gottschalch, M. Neumann-Schönwetter, G. Soukup, Sozialisationsforschung. Materialien, Probleme, Kritik, Frankfurt/Main 1971
U. Schlottmann, Primäre und sekundäre Individualität, Stuttgart 1968
H. Steinert, Die Strategien sozialen Handelns. Zur Soziologie der Persönlichkeit und der Sozialisation, München 1972
G. Wurzbacher, (Hrsg.), Der Mensch als soziales und personales Wesen, Stuttgart 1963

5. Schichtung

Die Mannigfaltigkeit der Lebenssituationen von Individuen und Gruppen ist vielfach Ausdruck sozialer Unterschiede. Neben der funktionalen Differenzierung ist die soziale Schichtung eine andere wesentliche Form sozialer Ungleichheit.

Der Begriff der sozialen Schichtung bezeichnet eine gesellschaftliche Makrostruktur, die die Lebenschancen und die Lebensweise des einzelnen bestimmt. Eine soziale Schicht meint eine Bevölkerungsgruppe, die in einer Gesellschaft eine bestimmte, privilegierte oder weniger privilegierte, Stellung hat und sich dadurch von anderen Bevölkerungsgruppen unterscheidet. Für die Schichtzugehörigkeit des einzelenen sind soziale Merkmale entscheidend wie Beruf, Erziehung, Herkunft, Besitz, Einkommen und Macht.

Die schichtmäßige Differenzierung ist in vorindustriellen, relativ statischen Gesellschaften stark verfestigt, eindeutig definiert und damit leichter erfaßbar als in dynamischen, für vertikale Mobilität relativ offenen industrialisierten Sozialgebilden. Die wichtigsten historischen Typen der sozialen Schichtung sind Kaste und Stand.

Im Kastensystem wird dem einzelnen auf Grund seiner Familien-, Clan- oder Sippenzugehörigkeit eine Position zugeteilt, die in einem festen hierarchischen Gesellschaftsaufbau einen bestimmten Platz einnimmt; strikte Auf- und Abstiegsbeschränkung und das Gebot der Endogamie (sozial homogener Heiratskreise) stabilisieren die Stufengliederung, wobei religiöse Gebote diese Ordnung vielfach stützen: eine rigide Einhaltung der Kastenrechte und -pflichten ist zumeist Vorbedingung für eine spätere Wiedergeburt in einer höheren Kaste.

Die Begriffe Kaste und Stand sind nicht scharf gegeneinander abzugrenzen, weil die Zugehörigkeit zu einem Stand ebenfalls, zumindest in der Regel, durch Abstammung erworben wird und die Lebenschancen des einzelnen sehr von seiner Herkunft abhängen. Gesellschaften mit ständischer Gliederung haben eine relativ strenge Funktionsaufteilung und schließen vertikale Mobilität weitgehend aus. Rechte und Pflichten der Stände werden genau differenziert und rechtlich sanktioniert.

Zur Charakterisierung industrieller Gesellschaften wird in der Soziologie bisweilen der Begriff der sozialen Klasse verwendet. Soziale Schichten heißen Klassen, wenn die soziale Schichtung dominant durch ökonomische Faktoren wie den Zugang zu den Produktionsmitteln bestimmt ist. Die Strukturierung einer Gesellschaft nach ökonomischen Gesichtspunkten wurde bei K. Marx zum Schlüssel seines sozialphilosophischen Systems. Nach marxistischer Auffassung ist die menschliche Gesellschaft in den zwischen Urgesellschaft und Kommunismus liegenden Gesellschaftsformationen in Klassen gespalten, die durch ihr unterschiedliches

Besitzverhältnis zu den Produktionsmitteln gekennzeichnet sind. Dabei unterscheidet K. Marx jeweils zwei Grundklassen; in der Sklavenhaltergesellschaft: Sklavenhalter und Sklaven; im Feudalismus: Feudalherrn und Leibeigene; im Kapitalismus: Kapitalisten und Proletarier. Daneben gibt es aber auch in jeder dieser Gesellschaftsformationen sogenannte Neben- oder Übergangsklassen, z. B. in der kapitalistischen Gesellschaft die Mittelschicht des Kleinbürgertums (Kleinbauern, Handwerker, Kleinhändler). Die Angehörigen des Kleinbürgertums sind durch ihr Privateigentum der Bourgeoisie verbunden, dem Proletariat stehen sie aber insofern nahe, als sie von der Bourgeoisie ausgebeutet werden. Schließlich gibt es in jeder Gesellschaft »deklassierte Elemente«, Menschen, die die Verbindung mit ihrer Klasse verloren haben, z. B. im Kapitalismus das Lumpenproletariat. In der Phase des Kapitalismus führt die wachsende Konzentration der Produktionsmittel in den Händen weniger Kapitalisten zur Proletarisierung der Mittelschichten und des größten Teils der Kapitalisten, so daß eine zunehmende Schrumpfung der oberen Schicht und eine Polarisierung in zwei Klassen erfolgt. Die Gegensätzlichkeit der ökonomischen Situation der Klassen (Klassenlage) und der Widerspruch der Klasseninteressen bilden die Grundlage des Klassenkampfes, der, durch die Bildung eines proletarischen Klassenbewußtseins gefördert, in der kapitalistischen Gesellschaft einmündet in die sozialistische Revolution, wobei die aus dieser hervorgehende Diktatur des Proletariats der Vorbereitung der klassenlosen Gesellschaft dient.

Lassen sich mit dem Marxschen Klassenbegriff Strukturen gesellschaftlicher Systeme im Europa des 19. und frühen 20. Jahrhunderts noch einigermaßen erfassen, so stimmt für heutige industrielle Gesellschaften die fast vollständige Strukturiertheit der sozialen Situation durch die Verfügungsgewalt über Produktionsmittel nicht. Die Gesellschaft in kapitalistischen Systemen ist viel differenzierter, als K. Marx sie in seinem dichotomischen Modell prognostizierte. Der »alte Mittelstand« der Handwerker, Geschäftsleute und Bauern überlebte trotz vieler Anpassungskrisen, und es bildete sich zusätzlich ein breiter »neuer Mittelstand« in Form der Angestelltenschaft heraus. Innerhalb der Arbeiterschaft kam es zu stärkeren Differenzierungen (ungelernte, angelernte Arbeiter, Facharbeiter, Meister). Im Gegensatz zu der von K. Marx verkündeten Proletarisierung der Arbeiter kennzeichnen größere materielle und soziale Sicherheit, mehr politische Rechte und bessere Bildungs- und Konsumchancen die Situation der Arbeiterschaft in kapitalistischen Industriegesellschaften. Die frühere Verbindung zwischen Eigentum an Produktionsmitteln und Verfügungsgewalt darüber ist weitgehend aufgelöst worden, der Einfluß der »klassischen« Besitzbourgeoisie stark zurückgegangen; Herrschaft ist nicht mehr apodiktisch aus der Verfügungsgewalt über Produktionsmittel ableitbar. Aus allen diesen Gründen hat die nichtmarxistische Soziologie den Klassenbegriff Marxscher Provenienz immer mehr fallenlassen; um falsche Assoziationen, die der Klassenbegriff wachrufen könnte, zu vermeiden, wählt man heute zumeist den weniger ideologiebeladenen Begriff der sozialen Schichtung.

Dies gilt insbesondere dann, wenn man die Schichtdifferenzierung nicht nach objektiven Kriterien vornimmt, sondern mit Hilfe des sozialen Status von Personen. Der Begriff Status bezeichnet die Höher- bzw. Niederbewertung eines Menschen im Verhältnis zu anderen Menschen auf Grund der ihn charakterisierenden, für die soziale Bewertung relevanten Merkmale. Ausgangspunkt für die Theorie vom sozialen Status ist also die Einsicht, daß Menschen andere Menschen bewerten, d. h. ihnen einen Wert auf einer (gedachten) Prestigeskala beimessen.

Unter den Merkmalen ist zu differenzieren, ob der einzelne auf sie Einfluß hat bzw. sie durch eigene Aktivität erwerben kann oder nicht (z. B. Beruf und Bildung einerseits, Geschlecht, Alter und Herkunft andererseits). Wird ein Mitglied eines sozialen Gebildes nach den diversen statusrelevanten Kriterien gleich oder ähnlich bewertet, trifft also z. B. ein hoher Berufsstatus mit einem hohen Abstammungsstatus und einem hohen Einkommensstatus zusammen, so bezeichnet man das als Statuskristallisation oder Statuskonsistenz.

Innerhalb eines sozialen Gebildes können sich die verschiedensten Formen von Statusdifferenzierungen ergeben. Extreme eines Statusaufbaus wären, wenn alle Mitglieder den gleichen oder jedes einen anderen Status hätten; in der Regel haben jedoch mehrere den gleichen oder einen ähnlichen Status, und je nachdem wie eine Statuslage besetzt ist, ergibt sich ein anderer Statusaufbau (beispielsweise in der Form eines Rhombus oder einer Pyramide). Neben der Form des Statusaufbaus ist wichtig die Art der Untergliederung. Ist der Statusaufbau von Einschnitten unterbrochen, so ergeben sich Schichten; Schichten umfassen eine Anzahl von Menschen, die im Hinblick auf eines oder mehrere der für eine vertikale Abstufung bedeutsamen Merkmale als gleich oder ähnlich erscheinen. Sind Wertungen persönlichkeitsbestimmten Verhaltens für viele Bereiche des sozialen Lebens bedeutsam, sofern die Menschen sich nahestehen und Kontakt und damit Einblick in faktisches Verhalten haben, so erweisen sich für größere soziale Einheiten wie Gemeinden und ganze Gesellschaften die Bewertungen von sozialen Positionen und ihren Belohnungen als besonders wichtig. Demnach ist der gesellschaftliche Status die Stellung eines Individuums in der Hierarchie gesellschaftlicher Geltung, die auf einer Art kumulativer Schätzung aller seiner Positionen und damit verbundener Belohnungen beruht.

In der heutigen Soziologie arbeitet man für die Feststellung von Schichten zumeist mit sogenannten Statusindizes. Man sucht Kriterien, die in einer Gesellschaft den Status bestimmen. Ist es im wesentlichen ein Merkmal, erfaßt man die sich mit den Abstufungen des Kriteriums verbindenden Wertungen und ordnet dann jedem Menschen, je nachdem wie stark das Kriterium auf ihn zutrifft, einen Status zu. Den einzelnen Abstufungen wird also den ihnen zukommenden Wertakzenten entsprechend ein bestimmter Punktwert zugeordnet; welche Wertakzente ihnen zukommen und welche Punkte ihnen damit zuzurechnen sind, muß in einer Voruntersuchung erfaßt werden (z. B. über Befragungen nach Prestigedifferenzierungen von Berufspositionen). Sind es mehrere Merkmale, die den Status bestimmen, so gilt es, in der Form eines multiplen Index alle Merkmale zu berücksichtigen und festzustellen, welche Bedeutung die Wertakzente, die einem Merkmal eigen sind, im Vergleich zur Bedeutung der Wertakzente der anderen Merkmale haben.

Für die Bildung von Indizes sind bisher die verschiedensten Kriterien verwendet worden. So benutzte E. K. Scheuch für die Analyse der Schichtstruktur in bundesrepublikanischen Gemeinden folgende Variablen: Relation Wohnraum pro Person; Beruf des Ehemannes bzw. eigener Beruf; Einkommen des Haupternährers; pro-Kopf-Einkommen = Kaufkraft; Besitz bestimmter Güter = Wohlstandsindex; Theaterbesuch; Konzertbesuch; Niveau des Lesens; Schulbildung. Die Variablen wurden später auf die drei wesentlichen reduziert: Beruf des Haupternährers, monatliches Nettoeinkommen des Haupternährers, Schulbildung. Die Gewichte (Punkte) der Kriterien wurden an Hand von Beobachtungen des Einordnungsprozesses bei typischen Fällen im Rahmen von Interviews festgestellt. Ein anderes Verfahren zur Konstruktion eines Statusaufbaus der BRD wählten H. Moore und G. Kleining: das der Selbsteinschätzung der Befragten. Sie verwendeten den Beruf als Indikator des gesellschaftlichen Status und ließen die ausgewählten Personen sich selbst in vorgegebene, dem Prestige der Berufe entsprechende Berufsgruppen einordnen. Die Ergebnisse der beiden Untersuchungen lassen sich wie folgt darstellen:

Verteilung der Bevölkerung der BRD im Statusaufbau [26]

Scheuch (1961) Untergliederung des Statusaufbaus	in v.H. der Eingeordneten*	Moore/Kleining (1960) in v.H. der Eingeordneten	Untergliederung des Statusaufbaus	
Oberschicht (50 u. mehr Punkte)	2,5	1	z.B. Großunternehmer Spitzenfinanz Hochadel Spitzenpolitiker	
Obere Mittelschicht (40-49 Punkte)	6,1	5	z.B. leit. Angestellte und Beamte Professoren, Ärzte Richter, Rechtsanwälte	
Mittlere Mittelschicht (30-39 Punkte)	14,6	15	z.B. mittl. Angestellte und Beamte Elektroingenieur Fachschullehrer mittlere Geschäftsinhaber, Apotheker	
Untere Mittelschicht (23-29 Punkte)	20,7	17 13 (30)	z.B. unt. Angest. und Beamte Malermeister Friseurmeister Kleinhändler	z. B. Werkmeister höchstqualifizierte Arbeiter
Obere Unterschicht (15-22 Punkte)	36,6	10 18 (28)	z.B. unterste Angest. und Beamte, Kellner, Fleischergeselle, Kleinsthändler	z. B. qualifizierte Industriearbeiter (auch qualifizierte angelernte)
Untere Unterschicht (0-14 Punkte)	19,5	17	z.B. Straßenarbeiter Landarbeiter Matrosen harte Arbeit, z. T. im Freien	
Sozial Verachtete		4	z.B. Handlanger	

* Wenn eine (oder mehrere) Variable des Index nicht erhoben werden konnte, wurde nicht eingeordnet, was für 18 v. H. der untersuchten Personen zutraf.

Die Masse der Bevölkerung, fast 60 v. H., liegt in jenem Bereich des Statusaufbaus, der als untere Mitte und oberes Unten bezeichnet wird. Ein beachtlicher Unterschied in den Ergebnissen beider Untersuchungen besteht darin, daß bei E. K. Scheuch der weitaus größte Teil der Arbeiter und ein großer Teil der Angestellten und Beamten in den Bereich des oberen Unten verwiesen wird, während er bei H. Moore und G. Kleining auf Grund der Selbsteinschätzung in der unteren Mitte liegt. Die Verteilung im Schichtaufbau einer industriellen Gesellschaft wie der der BRD läßt sich so darstellen:

Statusaufbau und Schichtungen der Bevölkerung der BRD (nach K. M. Bolte)[27]

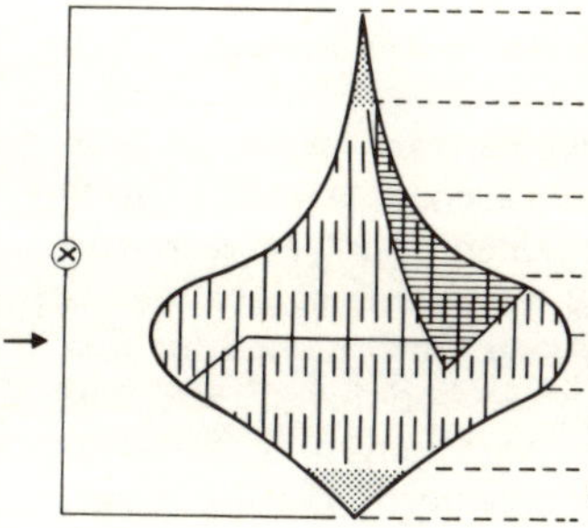

Bezeichnung der Statuszone	Anteil	
Oberschicht	ca. 2 v. H.	
obere Mitte	ca. 5 v. H.	
mittlere Mitte	ca. 14 v. H.	
untere Mitte	ca. (29)	58 v. H.
unterste Mitte / oberstes Unten	ca. (29)	
Unten	ca. 17 v. H.	
Sozial Verachtete	ca. 4 v. H.	

Die Markierungen in der breiten Mitte bedeuten:

Angehörige des sogenannten neuen Mittelstands

Angehörige des sogenannten alten Mittelstands

Angehörige der sogenannten Arbeiterschaft

Senkrechte Striche weisen darauf hin, daß nur eine Zone bezeichnet werden kann, innerhalb derer jemand etwa im Statusaufbau liegt.

Punkte zeigen an, daß ein bestimmter Status fixiert werden kann.

⊗ = Mittlere Mitte nach den Vorstellungen der Bevölkerung

→ = Mitte nach der Verteilung der Bevölkerung. 50 v. H. liegen oberhalb bzw. unterhalb im Statusaufbau

Fragt man für moderne Industriegesellschaften nach der dominanten Bedeutung eines Merkmals für die Schichtzuordnung, so bietet sich die Berufsposition an. Mit dem Beruf sind andere wesentliche Merkmale wie Ausbildung und Einkommen weitgehend miterfaßt. In den meisten soziologischen Untersuchungen industrieller Gesellschaften wird deshalb der Beruf als wichtigste Determinante der Schichtzuweisung angesehen.

Kein noch so exakt konstruierter Statusaufbau einer Gesellschaft darf darüber hinwegtäuschen, daß – besonders in Industriegesellschaften – der Statusaufbau im Grunde ein Kontinuum ohne sichtbare Brüche darstellt. Die Grenzlinien zwischen den einzelenen Schichten sind mehr oder weniger beliebig und können je nach Untersuchungszweck anders sein. Hier geht es nicht um klar erkennbare Differenzierungen, die sich deutlich im Verhalten der Bevölkerung niederschlagen. Außerdem ist nicht zu leugnen, daß jede durch die Bewertungen von Positionen und Belohnungen zustande gekommene Vertikalvorstellung in Form eines Schichtmodells einen gewissen Grad willkürlicher Vereinfachung in sich trägt, sofern sich die differentielle Bewertung der Merkmale nicht auf einen vollständigen Wertkonsens der Bevölkerung stützt. Individuen und Gruppen haben ja oft differierende Maßstäbe, nach denen sie werten und den Status zuordnen. Zum anderen darf man bei solchen Schichtmodellen nicht vergessen, daß häufig bei Individuen und Gruppen die verschiedenen Dimensionen für ihre vertikale Zuordnung nicht in hohem Maße korrelieren, also eine geringe Statuskonsistenz besteht. Die Abstufungen in den verschiedenen Dimensionen (wie z. B. Einkommen, Berufsprestige, Macht und Lebensstandard) laufen hier nicht eindeutig parallel. So hat beispielsweise ein Gesellschaftsmitglied einen Beruf mit hohem Prestige, aber ein geringes Einkommen und einen niedrigen Lebensstandard.

Von besonderem Einfluß auf Entscheidungen von gesamtgesellschaftlicher Tragweite sind die zentralen Führungs- und Herrschaftspositionen in einer Gesellschaft. Vielfach bezeichnet man diese in der soziologischen Theorie als Elite. Zur Elite gehören jene Individuen, die in einem sozialen System im staatlich-politischen, wirtschaftlichen, militärischen, wissenschaftlichen, religiösen, schöpferisch-künstlerischen und meinungsbildenden Bereich Führungs- und Herrschaftspositionen einnehmen. Der Erwerb solcher Stellungen ist an Voraussetzungen, die je nach Gesellschaft und Subsystem variieren, geknüpft. Für industrielle Gesellschaften ist die Fähigkeit, spezifische, hochqualifizierte Leistungen zu erbringen, besonders relevant.

Neben den Begriffen des Status und der Schichtung wurde in der Soziologie in der Vergangenheit vornehmlich das Problem diskutiert, welche Ursachen letztlich soziale Ungleichheiten im Sinne von »besser-schlechter gestellt«, »bevorrechtigt-benachteiligt« und »mehr-weniger angesehen« bewirken. Als zentralen Bedingungsfaktor für soziale Ungleichheit sieht man vielfach das Privateigentum an; allerdings darf dieses – wie wir bereits betont – nicht als der Ursprungsgrund schlechthin betrachtet werden. R. Dahrendorf[28] stellt als Ursache die Existenz von mit Sanktionen versehenen Normen heraus; entsprechend dem Grad der Normbefolgung komme es zu Belohnungen und Bestrafungen. R. Dahrendorf erfaßt aber hiermit nur einen Ausschnitt sozialer Ungleichheit, während er die Differenzierung auf Grund einer Wertung von sozialen Positionen nicht erklärt. Viele Soziologen machen die Arbeitsteilung für die Schichtdifferenzierung verantwortlich, obwohl die Verschiedenheit einer Tätigkeit noch nicht die unterschiedliche Rangstellung erhellt. Ein anderer Ansatz geht auf die sogenannten Funktionalisten wie K. Davis, W. Moore und T. Parsons zurück.[29] Sie versuchen, über die funktionalistische Theorie die Notwendigkeit von Schichtung für jedes Sozialsystem nachzuweisen. Sie gehen von der Einsicht aus, daß jeder Mensch soziologisch als Inhaber von Positionen verstanden werden kann. Diese Positionen sind verschieden angenehm, verschieden wichtig und verschieden schwierig. Kriterien für die Wichtigkeit sind der Grad der funktionalen Einzigartigkeit, d. h. der Ersetzbarkeit einer Position durch andere, und der Grad, in dem eine Position andere zu sich in Abhängigkeit bringt. Um nun die reibungslose und vollständige Besetzung aller Positionen einer Gesellschaft zu garantieren, müssen mit ihnen gewisse Entschädigungen verbunden sein. Besonderes Prestige und besondere Privilegien motivieren Personen, bedeutende Positionen einzunehmen. Vornehmlich jene Positionen, die eine große funktionale Bedeutung haben, bedürfen der Besetzung von Individuen mit großem Talent und langer Vorbereitungszeit und müssen deshalb besondere Belohnungen bieten. So einsichtig die funktionale Schichttheorie teilweise ist, so gibt es andererseits jedoch auch eine Menge von Einwänden: Die Theorie geht fälschlich von der Annahme aus, daß Talent und Qualifikation immer knapp sind, daß niemand ohne Belohnung schwierige Aufgaben übernimmt und Positionen in der Regel im freien Wettbewerb errungen werden. Gewichtigster Einwand ist, daß der Begriff der »funktionalen Bedeutung« einer Position recht unklar bleibt und eigentlich jene vertikale Gliederung impliziert, die man zu erklären vorgibt.

Viele der Erörterungen zum Ursprung der Statusungleichheit tangieren anthropologisch-philosophische Probleme. Die Soziologie wird einfach konstatieren müssen, daß es in Gesellschaften vorherrschende Ziele und Werte gibt und dementsprechend die einzelnen Positionen für deren Realisierung als mehr oder weniger bedeutsam eingeschätzt werden. Dabei sind es insbesondere die Herrschaftspositionen, die das Wertesystem einer Gesellschaft und die damit verbundene vertikale Ordnung stützen und beiden zur Anerkennung verhelfen.

Zur ersten Orientierung

K. M. Bolte, D. Kappe, F. Neidhardt, Soziale Schichtung, Opladen 1966 (Beiträge zur Sozialkunde Reihe B: Struktur und Wandel der Gesellschaft)

R. Dahrendorf, Über den Ursprung der Ungleichheit unter den Menschen, Tübingen 2. Aufl. 1966 (Recht und Staat Heft 232)

R. Dahrendorf, Soziale Klassen und Klassenkonflikt, Stuttgart 1957

D. W. Glass, R. König (Hrsg.), Soziale Schichtung und soziale Mobilität, Köln und Opladen 4. Aufl. 1970 (Sonderheft 5 der Kölner Zeitschrift für Soziologie und Sozialpsychologie)

R. Mayntz, Begriff und empirische Erfassung des sozialen Status in der heutigen Soziologie, in: Kölner Zeitschrift für Soziologie und Sozialpsychologie 10 (1958) S. 58 ff.

M. M. Tumin, Schichtung und Mobilität, München 1970 (Grundfragen der Soziologie Bd. 5)

E. Wiehn, Theorien der sozialen Schichtung. Eine kritische Diskussion, München 1968 (Studien zur Soziologie Bd. 9)

6. *Herrschaft*

Die Thematik der Herrschaft wurde in der jüngsten Vergangenheit im Rahmen der allgemeinen soziologischen Theorie etwas vernachlässigt. »Eine radikale Abwertung der Herrschaft, sowohl des guten Gewissens bei ihrer Ausübung wie der Bereitschaft, sie zu ertragen, ist seit etwa zwei Jahrhunderten im Gange. Sie setzt sich bis in die soziologischen Begriffe und Staatstheorien hinein fort, die das Wort »Herrschaft« zum Teil schamvoll vermeiden, sehr im Unterschied zu den alten Definitionen und Typologien des Staates, die die Tatsache, daß Menschen über Menschen herrschen, zum Wesen des Staates und die Zahl der Herrschenden

– ob einer, ob mehrere, ob alle – zum Einteilungsprinzip der Verfassung machen«.[30] Mit H. Freyer, von dem dieses Zitat stammt, sind wir der Auffassung, daß Herrschaft ein zentraler Faktor eines jeden Sozialsystems darstellt und in ihren Funktionen analysiert werden muß.

Wie die Darstellung des Begriffs der sozialen Gruppe zeigte, gibt es in allen Gruppen das Phänomen der Macht. Als Macht definiert M. Weber die Chance, innerhalb einer sozialen Beziehung seinen eigenen Willen gegenüber anderen auch bei deren Widerstreben durchzusetzen.[31] Merkmale der Macht sind Über- und Unterordnung, Sanktionsgewalt und Gehorsam, Führung und Gefolgschaft. Macht kann sehr unterschiedlich begründet sein: durch physische oder psychische Überlegenheit und Kraft, soziales Prestige, Wissen, Geschicklichkeit, Besitz bzw. Verfügung über materielle Güter und Dienstleistungen etc.

Im Gegensatz zu dieser amorphen sozialen Relation spricht man von Herrschaft erst dann, wenn Inhaber sozial definierter Positionen Macht ausüben. Zur Stabilisierung in dauerhaften sozialen Zusammenhängen wird Macht in einem Institutionalisierungsprozeß an Rollen und Ämter gebunden. Machtausübung basiert hier auf sozialen Normen, die gegenüber denjenigen, die spezifische soziale Positionen einnehmen, eine Pflicht zum Gehorsam beinhalten. Herrschaft ist ein stabiles Verhältnis der Über- und Unterordnung, das gekennzeichnet ist durch das Bestehen von Verhaltensvorschriften, das Recht des übergeordneten Teils, Vorschriften zu machen, die Begrenzung des Rechts der Herrschaft auf bestimmte Inhalte und Personen, die Sanktionierung der Nichtbefolgung von Anordnungen durch die Herrschenden.

Neben der Herrschaft, die an gesellschaftlich dafür vorgesehene Positionen geknüpft ist und feste Regelungen aufweist, gibt es also auch Führungs-Gefolgschaftsverhältnisse, die der Autorität von Personen und Gruppen entspringen. Im Gegensatz zu aus einem Amt oder aus einer Position herzuleitender Autorität ist diese als »personale« zu bezeichnen. Sie ist insbesondere kennzeichnend für Kleingruppenbeziehungen, weil Macht hier zumeist nicht institutionalisiert ist und persönliche Fähigkeiten und Eigenschaften von Personen zu Abhängigkeiten führen. Die sozialpsychologische Gruppentheorie hat hier vielfach zwischen mehr instrumentellen und mehr sozialemotionellen Führungsqualitäten unterschieden: der instrumentelle Führer verhilft der Gruppe durch Ideen, Führungsstil und Disziplinierung zur Erreichung des Gruppenzieles, der sozialemotionelle sorgt für den Zusammenhalt der Gruppe, gleicht Spannungen aus, ist Repräsentant der gefühlsmäßigen Denk- und

Verhaltensweisen der Gruppe. Beide Formen können freilich auch in einer Führerperson vereinigt sein.
Die soziologische Analyse muß also neben der Herrschaft das Phänomen der Macht berücksichtigen. Das gilt aber auch deshalb, weil die Macht des Amtes mit der Macht seines Trägers nicht immer identisch ist; ein Rekurs allein auf die Macht qua Position setzt eine weitgehende Identität von Norm und Faktum voraus und schließt die Differenz zwischen Herrschaft und Macht aus.
Außerdem ist der Begriff der Macht notwendig für das Verständnis der Genese von Herrschaft. Vielfach transformiert sich Macht zur Herrschaft, indem von Macht gekennzeichnete Handlungen von Personen in bestimmten Situationen sich wiederholen und verfestigen; eine Anzahl von Individuen steht alsbald in einer stabilen Beziehung der Unter- und Überordnung, wobei den führenden Personen Gehorsam entgegengebracht wird und sich bei den Untergebenen eine Gehorsamspflicht herausbildet.
Herrschaft bezeichnet also ein stabiles Beziehungsmuster, bei dem auf der einen Seite der Relation der gesellschaftliche Part sich befindet, der Weisungen erteilt, auf der anderen Seite jener, an den diese Weisungen gerichtet sind und von dem ihre Befolgung mit einem hohen Grad an Wahrscheinlichkeit erwartet werden kann. Diese Chance beruht nicht ausschließlich auf den Sanktionen bzw. den Sanktionsandrohungen der Herrschenden, sondern auch weitgehend auf dem Glauben an die Legitimität der Herrschaft, somit auf einer inneren Anerkennung der Befehlenden und der von ihnen erteilten Befehle. Das gilt auch dann, wenn die Besetzung von Führungs- und Entscheidungspositionen ohne ausdrücklich erteilte Beauftragung durch die Beherrschten sich vollzieht. Der Umstand, daß die Beherrschten sich der Befehlsgewalt der Führungsgruppe nicht entziehen und diese nicht auswechseln können, besagt nicht, daß sie die Legitimität der privilegierten Führung und die durch diese repräsentierte Normenordnung nicht innerlich weitgehend anerkennen. Wenn sie zu Gehorsam nur durch Angst und Gewalt veranlaßt wären, würde man kaum von einem dauerhaften Funktionieren solcher Herrschaft ausgehen können. Herrschaft als stabile und dauerhafte Relation setzt eine gewisse Bereitschaft zum Gehorchen auf Grund eines Legitimitätsglaubens voraus. So ist z. B. die ständisch-feudale Ordnung in der europäischen Geschichte nicht einfach mit »Tyrannei« oder »Terror« zu identifizieren.
Herrschaft bedeutet zwar ein durch Macht konstituiertes Abhängigkeitsverhältnis, bei dem der Befehlsgewalt der Herrschenden

die Gehorsamspflicht der Untergebenen korrespondiert; dennoch ist das komplementäre Verhältnis nicht total von einseitiger Dependenz bestimmt, sondern die Herrschenden sind auch auf die Beherrschten und deren Stützung der Herrschaft angewiesen. Die Mächtigen müssen für den Legitimitätsglauben plädieren und sich in ihren Herrschaftsrollen bewähren, um nicht Gegendruck der Beherrschten wachzurufen. »Die Gesellschaftsformen sind wesentlich Herrschaftsformen, die ihre Legitimität von der Bewährung der Herrschenden und der Anerkennung durch die Beherrschten erhalten«.[32] Herrschaft beinhaltet also nicht nur Rechte, sondern auch Pflichten, z. B. Schutzaufgaben gegenüber den Untergebenen. Herrschaft ist ja ein strukturiertes Führungs-Nachfolgeverhältnis, bei dem die Führung in der Erfüllung ihrer Rolle bestimmte Normordnungen garantiert. Diese werden nicht nur durch das sogenannte persönliche Vorbild der Führung symbolisiert, sondern vor allem gesichert durch die Erfüllung der Erwartungen der Untergebenen, Verstöße gegen die Normen zu verhindern oder mit Sanktionen zu bekämpfen.

Während M. Weber mit seiner Herrschaftsdefinition[33], Herrschaft solle heißen, die Chance, für einen Befehl bestimmten Inhalts bei angebbaren Personen Gehorsam zu finden, den Befehls-Gehorsams-Aspekt betont, sind jedoch andere wichtige Dimensionen der Herrschaft ebenfalls zu berücksichtigen. Durch eine zu enge Fassung des Begriffs, die auf die dominative Seite der Herrschaft abstellt, kommen wichtige Aspekte überhaupt nicht ins Blickfeld.

Herrschaft kontrolliert nicht nur die Aktivitäten der Untergebenen, sorgt für die Einhaltung der Normen und sanktioniert in Fällen abweichenden Verhaltens, sondern delegiert auch Aufgaben, koordiniert Funktionen, entscheidet bei Konflikten, steuert Informationen, setzt Normen und definiert Ziele des Systems und seiner Teilbereiche. Das jeweilige System ist ja in einem großen Zusammenhang zu sehen, was bedeutet, in ständiger Orientierung an der sozialen Umwelt das System neuen Erfordernissen anzupassen und die notwendigen Normen bzw. Norminterpretationen zu gewinnen. Herrschaft präformiert – speziell in den organisierten Zweckgebilden der Großgruppen – Richtung und Reichweite von Sachentscheidungen, legt also strategisch Handlungsabläufe fest.

Der in der neueren soziologischen Theorie häufige Begriff der »funktionalen Autorität«[34] ist unter Herrschaft zu subsumieren. »Funktionale Autorität« ist nämlich geknüpft an Rollen, die die Kenntnis und Beherrschung von zweckbezogenen Sachabläufen in komplex organisierten Sozialgebilden erfordern. Sie wird als eine auf Sachkompetenz beruhende Führungsrolle beschrieben und erweist sich als eine Symbiose von Sachautorität und Führungs-Nachfolge-Verhältnis im Weisungsgefüge. Die Chance, Gehorsam zu finden, beruht weitgehend auf der durch sachliche Kompetenz ausgewiesenen Überlegenheit. Wichtig ist, daß »funktionale Autorität« ihre Weisungen einsichtig machen muß und die sachliche Überlegenheit sich immer wieder erneut der Kritik und Überprüfung zu stellen hat. Der Begriff der »funktionalen Autorität« verweist also auf eine bestimmte Qualifikation, auf Grund derer eine Führungsberechtigung übertragen werden kann.

Voraussetzung für den gesamten mehr funktionalen Aspekt der Herrschaft ist ihr Repräsentationscharakter. »Die Gruppe ist ein körperloses Beziehungsgebilde, das aber in der körperlichen Welt zu erscheinen und wirksam zu werden bestimmt ist. Sie muß daher, obgleich selbst körperlos, in der Körperwelt wahrnehmbar und aktionsfähig repräsentiert werden. Dies ist die allgemeine, essentielle Grundfunktion des Führertums«.[35] Eine oder mehrere Personen repräsentieren in ihrer Erscheinung und in ihrem Handeln die Gesamtheit, nach innen und nach außen hin. Eine soziale Gruppe wird vergegenwärtigt, dargestellt, aber so, daß sich das Vergegenwärtigte durch eine oder mehrere Personen handelnd darstellt, verpflichtend für die Gesamtheit der Gruppe. Die Repräsentation bedeutet die Darstellung einer Gruppe in ihren Normen und Zielen und macht eine Sozialeinheit handlungsfähig trotz der mannigfaltigen Konflikte und divergierenden Interessen.

Mit den vielfältigen Aufgaben von Herrschaft ist angedeutet, daß nicht alle Ebenen in einem Weisungsgefüge als Herrschaft zu bezeichnen sind. Nach M. Webers Definition müßten auch die Positionen etwa des Busfahrers, Zugführers, ein mittlerer Status im Industriebetrieb etc. als Herrschaftspositionen bezeichnet werden, was freilich nicht sinnvoll ist. Herrschaftspositionen im engeren Sinne, also »eigentliche« Herrschaft, sind aber nur die leitenden Entscheidungspositionen in einem Weisungsgefüge, von denen aus allerdings Herrschaftsgewalt auch an andere, subalterne Ebenen in einem Handlungsakt delegiert werden kann (delegierte Herrschaft).

Innerhalb des gesellschaftlichen Ordnungssystems, das die Strukturen aller Herrschaftsbeziehungen umfaßt, ist der Staat als gesamtgesellschaftlicher Herrschaftsverband von besonderer Relevanz. Für einen Staat, von dem man erst bei einer weitgehenden Konzentrierung von Hoheitsrechten auf dem Gebiete des Heerwesens, der politischen Verwaltung, der staatlichen Finanzwirtschaft, der Gesetzgebung und der Polizeigewalt sprechen kann, sind kennzeichnend eine für ein Territorium einheitliche Rechtsordnung und ein als Herrschaftsverband organisiertes Aktionszentrum, dargestellt durch ein jeweils spezifisches System aufeinander abgestimmter Institutionen, Gewalten und Organe. Art und Ausmaß dieser Trennung der zentralen Gewalten, der gesetzgebenden, richterlichen und vollziehenden, bestimmen die verschiedenen Staatsformen. Im Falle der Demokratie ist der Staat eine organisierte Entscheidungs- und Wirkungseinheit von ermächtigten Herrschenden und ermächtigenden Beherrschten, die in Form der Volksvertretung legislativ handeln und die Regierung kontrollieren; die Vollmachten erstrecken sich im Rahmen der Verfassung auf die Durchsetzung der Rechtsnormen und die Durchführung konkreter Maßnahmen im Sinne einer staatspolitischen Zielsetzung (Ordnungs- und Gestaltungselemente des Staates). Über die Wahlen der Parteien ist der einzelne direkt an der staatlichen Willensbildung beteiligt, indirekt durch Zugehörigkeit zu Interessenverbänden und Beeinflussung der öffentlichen Meinung.

Der Staat muß als eine organisatorisch besonders gefestigte politische Wirkungs- und Entscheidungseinheit innerhalb der politischen Ordnung begriffen werden. Als politische Ordnung wird das System politisch wirksamer Machtpositionen, Machtträger und Machtfaktoren und die sich daraus ergebenden Machtverhältnisse in der politischen Gesamtstruktur verstanden. Staat und politische Ordnung ihrerseits sind Bestandteile der gesellschaftlichen Herrschaftsordnung; diese ist weder identisch mit der politischen Ordnung noch mit dem Staat. Herrschaftsverhältnisse gibt es in Form von Herrschaft und Macht in fast allen Bereichen einer Gesellschaft, z. B. im religiösen, wirtschaftlichen, kulturellen Sektor. Derartige Herrschaftsverhältnisse können auf direktem oder indirektem Wege den Prozeß der politischen Herrschafts- und Machtbildung beeinflussen. Zur Herrschaftsordnung gehören also nicht nur der staatliche Herrschaftsverband und die politische Ordnung, sondern auch die Herrschafts- und Machtverhältnisse der diversen Subsysteme.

Zentraler Gegenstand soziologischer und politologischer Analyse ist auch heute noch die Differenzierung der verschiedenen Herrschaftsformen. Auf den Unterschied in der Legitimitätsgläubigkeit und der Rechtfertigung von Legitimitätsansprüchen baute M. Weber[36] seine Typologie der Herrschaftsformen auf. Er unterscheidet drei reine Typen legitimer Herrschaft: die legale, die auf dem Glauben an die Legalität gesatzter Ordnungen und des Anweisungsrechts der durch sie zur Ausübung der Herrschaft Berufenen beruht (z. B. Demokratie, Bürokratie); die traditionale, die auf dem Alltagsglauben an die Heiligkeit von jeher geltender Traditionen und der Legitimität der durch sie Berufenen basiert (z. B. patrimoniale, ständische Herrschaft); die charismatische, die sich erklärt aus der außeralltäglichen Hingabe an die Heiligkeit oder die Heldenkraft oder die Vorbildlichkeit einer Person und der durch sie offenbarten oder geschaffenen Ordnung (z. B. Führer-Gefolgschaftsverhältnis). Die idealtypische Konstruktion dieser Begriffe setzt voraus, daß viele historische Strukturen verschiedener Herrschaftssysteme mit diesen Typen nicht vollkommen übereinstimmen; dennoch ist es fruchtbar, sie als Kategorien für die Analyse verschiedener Weisen des Legitimitätsglaubens anzuwenden.

Wichtigster Einwand gegen die Webersche Typologie ist, daß er die spezifische Qualität einer Weisungs- und Befehlsrelation nicht sieht, bei der die Durchführungsverpflichteten über die Besetzung der Entscheidungspositionen und die Auswechselbarkeit der Herrschenden durch Wahlakte verfügen. So taucht die Demokratie in der Weberschen Typologie der Herrschaft zwar häufig auf, aber nicht als eigener Typus der Machtorganisation, sondern nur als Unterform, vor allem von legaler Herrschaft.

Wesentlich für eine Differenzierung von Herrschaft ist jedoch, ob die Besetzung der Entscheidungspositionen gruppenspezifisch oder personell monopolisiert ist und ohne prozedurmäßig ausdrücklich festgesetzte Beauftragung der weisungsdurchführenden Gruppen erfolgt oder nicht. Auftragsautorität beruht auf dem ausdrücklich erteilten Auftrag aller als gleichberechtigt anerkannten, erwachsenen Mitglieder einer Gesellschaft oder Gruppe und hat sich durch die an diesem Auftrag zu messende Leistung auszuweisen. Die Erteilung des Auftrags erfolgt in der Regel durch Mehrheitsbeschluß auf Grund allgemeiner und gleicher Wahlrechte; bestimmte Freiheitsrechte und eine genau umgrenzte Rechtssicherheit gehören zur demokratischen Ordnung und unterscheiden diese von anderen Herrschaftsformen.

W. Strzelewicz[37] kennzeichnet in wenigen Zeilen die Struktureigenheiten demokratischer Herrschaft: »Die Mehrheitsentscheidung auf Grund der genannten Wahlrechte vollzieht sich unter Nutzung der Rechte zur freien Vereinigung in Parteien oder Interessenverbänden und der öffentlichen Kritik sowohl an der bestehenden Ordnung wie an den führenden Gruppen dieser Ordnung immer im Rahmen der Spielregeln, die diese Freiheiten erst sichern und möglich machen. Die Mehrheitsentscheidungen haben sinngemäß dort ihre Grenzen, wo sie die Gleichberechtigung aller erwachsenen Individuen aufheben würden und wo sie der jeweiligen

Minderheit die Chance nehmen könnten, unter Nutzung der Spielregeln und der darin möglichen öffentlichen Debatte zur Mehrheit zu werden. Die zur Führung beauftragten Gruppen erhalten den Auftrag auf eine befristete Zeit, sind notwendig und der Normenordnung entsprechend der öffentlichen Kritik ausgesetzt und müssen nach Ablauf einer Periode für ihre Auftragsdurchführung öffentlich auch Rechenschaft ablegen. Sie können dann je nach dem Ausfall der Überprüfung ausgewechselt werden. Die Autorität der für die Entscheidungspositionen ausgewählten Führungsgruppen ist also in diesem Sinne und im Unterschied zur herrschaftsautoritären Form temporär, transitorisch, funktional, delegativ und aufgaben- und sachbezogen und kann sich nur in dieser Form auch begrenzten Vertrauensvorschuß und Vertrauensbezeugung sichern. Die hier vorliegende Führungs-Nachfolge-Relation ist also auch nicht durch eine Graduierung der Mündigkeit, sondern auf der Basis der prinzipiellen Gleichberechtigung aller Mitglieder nur durch die funktionelle Arbeitsteilung und damit verbundenen Eignungsdifferenzierungen gekennzeichnet, die aber ständig erneuten Überprüfungen unterzogen werden und unterzogen werden müssen. Das Nachfolgeverhältnis ist unter diesen Bedingungen also normengemäß kündbar, und der Wechsel der Führung kann im Rahmen der Ordnung ohne gewaltsamen Bruch mit den geltenden Normen vollzogen werden. Deswegen konnte Popper mit Recht sagen, die Demokratie sei eine Institution, in der man eine Regierung auch ohne Gewaltanwendung wieder loswerden könne«.

In anderen Herrschaftssystemen basiert die Herrschaft nicht auf einer Beauftragung durch die Beherrschten. So ruhte der Führungsanspruch der europäischen Stände, vor allem des grundbesitzenden Adels, auf normenmäßig verankerten Vorrechten der Geburt und des Besitzes. In modernen Herrschaftssystemen autoritärer und totalitärer Richtung, die ihren Herrschaftsanspruch mit dem Hinweis auf rassische Überlegenheit, weltpolitische Sendung oder »tiefere« Einsichten in die »wahren« Interessen der Menschheit oder eines Volkes rechtfertigen, monopolisieren eng umgrenzte Machtgruppen, wie z. B. Einheitsparteien, oder einzelne »Führer« die Besetzung der Herrschaftspositionen. In solchen Gesellschaftssystemen gibt es graduelle Unterschiede der Mündigkeit zwischen Führenden und Geführten; die Führenden beanspruchen für sich allein die Fähigkeit, wichtige Entscheidungen zu fällen und Verantwortung zu tragen, während den Geführten auf Grund des Mangels solcher Qualitäten die Fähigkeit, Führungspositionen einzunehmen oder Vertreter zu wählen, nicht oder nur in beschränktem Maße zugebilligt wird. Weiterhin ist für solche Ordnungen bestimmend, daß offene Kritik und damit das Zutagetreten von Interessengegensätzen und Konflikten in der offiziellen Struktur nur im erlaubten Rahmen oder überhaupt nicht zugelassen werden. Interessenspannungen und Konflikte werden zu latenten, nicht manifesten Konflikten, zu denen dann um so mehr Anlaß ist, je stärker die Frustrationen sind, die von den Untergebenen verlangt werden. Aggressionen dienen der Unterdrückung nicht erlaubter Bedürfnisse, der Unterwerfung von Minderheiten und schwächeren Gruppen in der Herrschaftshierarchie sowie der Bekämpfung der äußeren Systemfeinde. Auf der Seite der Herrschenden existiert eine latente Angst vor dem Manifestwerden von Aggressionen gegen die Herrschaftspositionen und ihre Monopolisierung, während auf der Seite der Beherrschten Angst besteht vor den Folgen, die ein offen ausgetragener Konflikt mit den herrschenden Gewalten nach sich ziehen kann. So ist Herrschaft ohne Auftrag tendenziell gekoppelt mit Gewaltandrohung und partiell mit offener Gewaltanwendung, um die herrschenden Normen und ihre Anerkennung zu sichern. Die Anerkennung in Form der Unterwerfung ist sehr oft mit Gewaltandrohung und manifester Gewaltanwendung verbunden.

Diese Merkmale sind im besonderen Maße kennzeichnend für Diktaturen, speziell für totalitäre Systeme wie das nationalsozialistische in Deutschland und das bolchewistische in Rußland. Für die unterschiedlichsten Diktaturen lassen sich folgende Merkmale abstrahieren: das Fehlen der Gewaltenteilung, die Unterdrückung konkurrierender gesellschaftlicher Gruppen, die Konzentrierung der politischen Macht in der Hand eines Diktators bzw. einer autokratisch regierenden Führungsgruppe, die Herausbildung eines Machtmonopols mit Hilfe eines autoritär gelenkten Herrschaftsapparates, die Aufhebung oder Einschränkung der rechtlichen Bindungen der politischen Macht (und damit der rechtsstaatlichen Prinzipien), die Eliminierung oder wesentliche Einschränkung der Freiheitsrechte der Bürger sowie der Mitwirkung sozialer und politisch autonomer Gruppen und Verbände am politischen Prozeß, vielfach auch ein im Zusammenhang mit ideologischem Messianismus auftretender Aktionismus, der auf die Umgestaltung bzw. Disziplinierung der bestehenden Gesellschaft gerichtet ist, und die Anwendung despotischer Methoden der politischen und sozialen Kontrolle wie Einschüchterung, Zweckpropaganda bis hin zu Gewalt und Terror.

W. Böttcher (Hrsg.), Herrschaft und Macht, Düsseldorf 1972 (Studienreihe Sozialwissenschaften Bd. 2)

R. Dahrendorf, Pfade aus Utopia. Arbeiten zur Theorie und Methode der Soziologie, München 1967

R. Dahrendorf, Soziale Klassen und Klassenkonflikt, Stuttgart 1957

P. Demo, Herrschaft und Geschichte. Zur politischen Gesellschaftstheorie Freyers und Marcuses, Meisenheim am Glan 1973

H. Freyer, Soziologie als Wirklichkeitswissenschaft, Darmstadt 1964

G. Hartfiel (Hrsg.), Die autoritäre Gesellschaft, Opladen 3. Aufl. 1972 (Kritik Bd. I)

K. O. Hondrich, Theorie der Herrschaft, Frankfurt/Main 1973

W. Siebel, Freiheit und Herrschaftsstruktur in der Kirche, Berlin 1971

M. Weber, Wirtschaft und Gesellschaft. Grundriß der verstehenden Soziologie, Köln und Berlin 1964 (Studienausgabe in 2 Bde.)

7. *Wandel und Konflikt*

Eine richtig verstandene Theorie sozialer Systeme impliziert nicht, daß Gesellschaften und Gruppen soziale Gebilde mit keinem oder nur wenig sozialem Wandel sind. Der statische und der dynamische Aspekt sind allerdings bei der Analyse von Systemen nicht scharf voneinander zu trennen: Diese stellen einerseits relativ dauerhaft strukturierte, andererseits sich im historischen Prozeß verändernde Phänomene dar.

Gerade der rasche Wandel innerhalb der industriellen Gesellschaften macht deutlich, welch ein zentrales Thema das Verhältnis von sozialem System und sozialem Wandel sein muß. In der älteren soziologischen Theorie wurde dieses Problem meist unter der Thematik Statik und Dynamik diskutiert. Die rapiden gesellschaftlichen Veränderungen im 19. Jahrhundert und die damit verbundenen Krisen waren vielfach der Anlaß einer Problematisierung gesellschaftlicher Phänomene und der Herausbildung der Soziologie als einer wissenschaftlichen Disziplin.

Ein wesentlicher Bezugspunkt für die soziologische Reflexion des 19. Jahrhunderts und des beginnenden 20. Jahrhunderts waren geschichtsphilosophische Systeme, die eine Deutung des Wesens und Sinnes des geschichtlichen Lebens im ganzen versuchten. Nicht nur die Frage nach dem Woher, sondern auch nach dem Wohin soll hier verbindlich beantwortet werden. Es herrscht bei solchen linearen Fortschrittstheoretikern die Vorstellung einer zukünftigen

Endgesellschaft, die als unabdingbares Ziel der historischen Entwicklung feststehe. Der Geschichtsverlauf gestalte sich – in mehreren Entwicklungsstadien und -stufen – nach erkennbaren Gesetzen, wobei die verschiedenen Geschichtsphilosophen wenige Grundprinzipien als Bewegkräfte konstatieren: der sozialbiologische Evolutionismus der Sozialdarwinisten den Kampf ums Dasein, K. Marx die Dialektik zwischen Produktionskräften und Produktionsverhältnissen, A. Comte die Entwicklung des menschlichen Geistes. Für A. Comte bedeutet die Geschichte der Menschheit die Geschichte der Entwicklung ihres Geistes, der das theologische oder fiktive, das metaphysische oder abstrakte und das wissenschaftliche oder positive Stadium durchlaufe; diesen Stadien entsprächen jeweils spezifische Gesellschaftsordnungen. K. Marx erklärt die Entwicklung der Geschichte von der Sklavenhaltergesellschaft über den Feudalismus, den Kapitalismus, die Diktatur des Proletariats zur klassenlosen Gesellschaft aus materiellen Daseinsgrundlagen, wobei die Produktionskräfte sich rascher entwickelten als die Produktionsverhältnisse. Man versucht also, die Veränderungen in Kultur und Gesellschaft einigen wenigen Kausalfaktoren zuzuschreiben. Solche geschichtsphilosophischen Systeme sind freilich wenig empirisch gesättigt und erfahrungswissenschaftlich nicht überprüfbar. Als ebenso spekulativ erweisen sich die kulturzyklischen Theorien, z. B. O. Spenglers und A. Toynbees, die beinhalten, daß jede Kultur entsprechend biologischen Vorgängen einen zyklischen Ablauf aufweise, also Phasen der Geburt, Reifung, Blüte und des Verfalls durchlaufe.

Der in den Sozialwissenschaften viel benutzte Begriff des Fortschritts wurde in der soziologischen Theorie allmählich immer mehr von dem der Entwicklung und dem noch weniger ideologiebeladenen des Sozialwandels abgelöst. Historische Detailforschung, Ethnologie und Kulturanthropologie und soziologisch-empirische Forschung diskreditierten zunehmend die Idee der universellen Menschheitsgeschichte und der globalschematischen Entwicklungsgesetze für Gesellschaften. Gesetze im Sinne von Kausalgesetzen ließen sich im sozialen Bereich nicht finden.

Neben den geschichtsphilosophischen Systemen war es dann seit den 40er Jahren insbesondere die strukturell-funktionale Theorie, die die Ausarbeitung einer Theorie des sozialen Wandels behinderte. Es handelt sich hier um die Auffassung, daß System und Wandel sich begrifflich ausschlössen. Soziale Systeme werden als im wesentlichen stabile Gebilde betrachtet, soziale Veränderungen als diese Stabilität bedrohende Entwicklungen. In dem Maße, in dem solche Veränderungen sich häuften, büße ein System an Geschlossenheit und damit seine Identität ein. Eine besondere Verbreitung fand diese ungeschichtliche Betrachtungsweise von Gesellschaften in dem Gleichgewichtsmodell, das vor allem in T. Parsons' Arbeiten eine zentrale Rolle spielt. Soziales Gleichgewicht bezeichnet hier diejenige Verfassung eines sozialen Systems, in welchem die den Status quo erhaltenden Kräfte gegenüber Störfaktoren die Oberhand behalten, wobei als Störfaktoren alle Umstände angesehen werden, welche gesellschaftlichen Wandel auslösen oder ihn gegebenenfalls beschleunigen können. [38]

Grundsätzlich ist zu sagen, daß System und Wandel durchaus in eins zu denken sind. Mit Hilfe des Querschnittvergleichs, indem man also von einer bestimmten Gesellschaft zumindest zwei Strukturaufnahmen in der Zeit macht und auf ihre Unterschiede hin vergleicht, kommt man zu einer Beschreibung von historischen Entwicklungen. Vorbedingung für das systemtheoretische komparative Verfahren ist die Feststellung, daß die beiden verglichenen Strukturquerschnitte auf ein Obersystem zu beziehen sind, sich also Wandel innerhalb eines Systems abspielt: Wandel ist als Verlauf innerhalb eines strukturierten Systems denkbar.

Gesellschaftliche Handlungsfelder sind in Teilsysteme zergliedert, z. B. in wirtschaftliche, politische, kulturelle, rechtliche, die sich nicht immer im gleichen Tempo wandeln und Spannungen zu anderen Subsystemen evozieren. So sind für W. F. Ogburn [39] die Elemente sozialer Systeme in der Regel nicht völlig angepaßt; die beiden Hauptsektoren der Kultur, nach W. F. Ogburn die materiell-technische und die immaterielle Kultur, die soziale Ordnung, entwickeln sich nicht gleichmäßig; die materielle Kultur, die stärker dem Wandel unterliegt, schließt nicht automatisch eine Anpassung der immateriellen Kultur ein. Wegen der starken Verankerung der sozialen Organisation in dem der Gesellschaft zugrundeliegenden Wertesystem entsteht beim sozialen Wandel ein »cultural lag«. Läßt sich diese Hypothese auch nicht generell bestätigen – sind doch sehr oft Weltanschauungen (z. B. die Ethik des Puritanismus) Ursache für die technischen Entwicklungen –, so bleibt doch der fruchtbare Ansatz, verschiedene Untersysteme in ihren disparaten Entwicklungen zu verfolgen und hieraus Schlüsse für Wandlungsprozesse zu ziehen.

In der Theorie des sozialen Wandels unterscheidet man zunächst zwischen endogenem und exogenem Wandel, je nachdem, ob der Wandel systemimmanent verursacht wird oder von außen herbeigeführt ist. Neben dieser generellen Unterscheidung differenziert man zumeist innerhalb der für den Sozialwandel bedeutsamen Innovationen: Erfindungen, Entdeckungen, demographische Entwicklungen, abweichende Verhaltensweisen, politisch-ideologisch-religiöse Neuerungen, die eine Strukturänderung von Gesellschaften bedingen. Vielfach sind es marginale Gruppen oder Menschen, die auf Grund ihrer rudimentären Verortung in einer Gesellschaft für die Einführung von Neuerungen prädestiniert sind: so z. B. nach Amerika ausgewanderte Europäer, Bürger aus Entwicklungsländern, die in Europa studierten: sie nehmen sehr oft eine intermediäre Stellung zwischen zwei Kulturen ein. In den industrialisierten Gesellschaften gibt es zahlreiche Positionen, deren Aufgabe im wesentlichen mit der Introduzierung und Kontrolle von sozialem Wandel gekennzeichnet ist: so Wissenschaftler, Techniker, Planer, Experten.

Wesentlich für den Erfolg einer Innovation ist ihre Diffusion, d. h. der Vermittlungsprozeß, der zu Verhaltensänderungen führen soll. Hier gilt es, die verschiedenen Stadien der Vermittlungsprozesse zu analysieren: Aufkommen der Innovation; Gewahr- und Bewußtwerdung durch die Bevölkerung; Versuchsperiode; Annahme oder Ablehnung. Der Erfolg von Diffusionsprozessen hängt von sozio-strukturellen Faktoren ab, im wesentlichen von den Verhaltensmustern und Einstellungen, die einer Verbreitung im Wege stehen oder sie fördern. Zur Verhaltensänderung bedarf es der Herausbildung des Bewußtseins, daß Mängel, die in einer Situationsbewältigung auftreten, sich nicht mit den alten Hilfsmitteln und Interpretationsmustern beseitigen lassen. In industrialisierten Gesellschaften tritt ein Kettenprozeß von Innovationen auf, erzwingen doch gelungene Innovationen neue Problemlösungen, was einen Akkumulationsprozeß von Neuerungen bedingt.

Die Durchsetzung des sozialen Wandels verläuft freilich nicht immer konfliktfrei, sondern ist zumeist durch soziale Spannungen gekennzeichnet; soziale Konflikte sind eine der wesentlichen Beeinflussungsfaktoren des sozialen Wandels. Fast überall, wo Wandel auftritt, sind Konflikte im Spiel. Intensität und Form der Konflikte beeinflussen Tempo und Radikalität des Systemwandels; die Revolution als Extremfall demonstriert, wie mit einem rapiden Wandel scharfe soziale Konflikte verbunden sind. Der soziale Konflikt kann definiert werden als Kampf um Normen, Werte, Status, Macht und Ressourcen zwischen Individuen, Kollektiven oder zwischen Individuen und Kollektiven: als ein Kampf, in dem einander zuwiderlaufende Interessen notwendig einander entweder neutralisieren oder verletzen oder ganz ausschalten.[40]

Wird in der klassischen soziologischen Theorie, z. B. bei K. Marx, W. Pareto, G. Mosca, R. Michels, M. Weber und G. Simmel der Konflikt als eine wesentliche Komponente sozialen Handelns gesehen, so wird das Phänomen in der strukturell-funktionalistischen Theorie, z. B. bei T. Parsons, vernachlässigt oder nur in seinen »entzweienden« Aspekten analysiert. Die Betonung von Bedürfnissen von Gesellschaften nach gemeinsamen Werten und Integration führt viele Theoretiker dazu, den Konflikt als eine Art Krankheit für den »sozialen Organismus« zu betrachten. Konflikte sind jedoch nicht grundsätzlich destruktiv, »dysfunktional«, sondern tragen vielfach zur Erhaltung von Gebilden bei. Es liegt der oben gekennzeichnete, sehr verengte Systembegriff zugrunde, wenn man Konflikte nur als systemsprengend begreift. Rekurriert man auf den Querschnittvergleich, so können Konflikte, je nach Bezugnahme auf vergangene oder zukünftige Phasen der Gesellschaft, als integrierende oder desintegrierende Faktoren betrachtet werden. So kann z. B. der Krieg bei F. Oppenheimer, der Kampf bei M. Weber, die Aggressivität bei T. Parsons als funktional für die zukünftige Gesellschaft angesehen werden. Wie beim sozialen Handeln gilt auch hier beim sozialen Konflikt, daß dieser stets struktur- und normbezogen ist, also das Problem der »Gesellschaft« nicht ausschließlich durch eine Theorie des Konflikts zu lösen ist. Sozialer Konflikt ist ja eine Gegnerschaft zwischen gesellschaftlich genau bestimmten Struktureinheiten: von Rollen, Gruppen, Gesellschaften; aus diesen Strukturen sind Konflikte, ihre Entstehung, Formen und Wandlungswirkungen zu erklären. Während R. Dahrendorf den Konflikt verabsolutiert, begreift T. Parsons das System allzu sehr als ein relativ dauerhaftes Gefüge aufeinander bezogener Handlungsmuster, das sich selbst zu erhalten trachtet: die Frage, inwieweit jedes Element eines Systems einen Beitrag zu dessen Funktionieren und Zielerhaltung liefert, dominiert über der Problematik, inwieweit Teile des Systems Konflikte heraufbeschwören. Beide Fragen sind legitim und schließen sich – in einer richtig verstandenen Systemtheorie – nicht aus. Systeme sind funktional relativ integrierte Beziehungsgeflechte, zeigen sich aber auch vor Probleme gestellt, die sie in Konflikten lösen müssen, um sich selbst zu erhalten.

Viele Versuche, solche Probleme systematisch zu erfassen, sind in den Sozialwissenschaften gemacht worden; wir greifen ein Schema heraus, das für den Bereich des Politischen, speziell der Nationenbildung, entwickelt wurde, aber generalisiert werden kann.[41] Soziale Systeme haben demnach vornehmlich die Probleme der Distribution, Partizipation, Dependenz, und damit verbunden, der Legitimität und Identität zu lösen. Der Begriff der Distribution zielt auf die Verteilung der materiellen Güter, Dienstleistungen, Aufstiegsmöglichkeiten, Statussymbole, also auf den sozio-ökonomischen Bereich; Partizipation auf die Beteiligung der verschiedenen Gruppen am Willensbildungsprozeß, an der Mitbestimmung, an der Ausübung und Kontrolle von Herrschaft; der Begriff der Dependenz beinhaltet die verschiedenen Abhängigkeiten von anderen Systemen, die Herausforderungen für das jeweilige System darstellen; Legitimität beinhaltet das Problem der Rechtmäßigkeit, des erforderlichen Konsenses über Normen und Herrschaftsstrukturen des Systems; Identität signalisiert das Problem der Mitgliedschaft, des »Wirgefühls«, der Integration von Sozialeinheiten. Soziale Systeme sind also vor für ihren Bestand wichtige Probleme gestellt, die sie sehr oft nur durch Konflikte lösen können.

Neben dem Interrollenkonflikt, bei dem mehrere unvereinbare Rollen auf eine Person fallen, und dem Intrarollenkonflikt, bei dem unvereinbare Erwartungen an Rollen gestellt werden, wurden in der soziologischen Theorie insbesondere Gruppen- und Herrschaftskonflikte systematischer theoretisiert.

Für die Herausarbeitung der Strukturen von Gruppenkonflikten hat vornehmlich L. A. Coser[42] sich verdient gemacht. Er gelangt zu der Einsicht, daß labile Gruppen oft den Konflikt vermeiden. In stabilen Gruppen ist er hingegen häufig Bestandteil funktionierender Ausgleichsmechanismen: das Fehlen von Konflikten kann also nicht als Zeichen von Stärke und Stabilität einer Beziehung gewertet werden. Äußere Konflikte sind sehr oft bestimmend für die Reaktion von Gruppen auf innere Konflikte. Diese Reaktion ist im wesentlichen Intoleranz. Der Grad der Intoleranz ist abhängig von der Größe der Gruppen; kleine Gruppen, die durch innere Konflikte stärker gefährdet sind, versuchen in äußeren Konfliktsituationen innere Konflikte zu unterdrücken.

Für die Konflikte mit anderen Gruppen geht L. A. Coser von dem Grundmodell der ingroup-outgroup-Beziehung aus; er unterscheidet zwischen Wir(Eigen)-Gruppe und Fremd-Gruppe. Ist die outgroup negative Bezugsgruppe, so evoziert dies Verhältnis stärkere Abgrenzung und eventuell Auseinandersetzungen. Die Abgrenzung der Gruppen hat vielfach auch systemerhaltende Funktion, indem die übergeordnete Gesellschaft stabilisiert wird. Strukturell vorgegebene Gegnerschaft und Antagonismen konservieren soziale Trennung und Schichtung. Solche Antagonismen verhindern das allmähliche Verschwinden der Grenzen zwischen den Untergruppen eines sozialen Systems und weisen den verschiedenen Teilsystemen innerhalb des Ganzen ihren Platz zu. Ist die in-group kohärent, fördern äußere Konflikte tendenziell den Zusammenhalt; ist sie indes inkohärent, so fördern sie die Desintegration.

Konflikte brauchen nicht manifest, sie können auch latent vorhanden sein, um sich dann in auslösenden Situationen in sichtbarer Feindschaft zu äußern. Kommt es nicht zu direktem Ausdruck der Feindseligkeit gegenüber angefeindeten Gruppen, so liegt das sehr oft an einer Kanalisierung oder Verschiebung der Aggressivität: einerseits durch Mittel, die als Sicherheitsventil dienen und feindliche Gefühle ableiten; andererseits durch die Übertragung feindlicher Haltungen auf Ersatzobjekte, z. B. durch den sogenannten Sündenbockmechanismus. L. A. Coser bezeichnet letztere Modelle als unechte Konflikte. Bei der Objektverschiebung richtet sich die Aggressivität zumeist gegen Minoritäten; dieser Konflikt endet, wenn ein neues Ersatzobjekt gefunden ist. Der echte Konflikt ist immer als Mittel zu verstehen, ein bestimmtes Ergebnis zu erreichen; er endet, wenn eine befriedigende Lösung erfolgt.

Die Austragung von Konflikten braucht sich nicht in antagonistischen Auseinandersetzungen zu erschöpfen. Sie kann verbindend wirken, wenn die Interaktion Institutionen, Werte und Normen schafft, die der Kommunikation beider Gruppen dienen.

Während L. A. Coser in seinem Begriffssystem von der allgemeinen Gruppentheorie ausgeht, meint R. Dahrendorf[43], fruchtbare Ergebnisse für die Konfliktforschung vor allem in der Begrenzung der Thematik auf den Problemkreis der Herrschaft zu finden. R. Dahrendorf definiert Herrschaft als ein Verhältnis der Über- und Unterordnung, das gekennzeichnet ist durch das Bestehen von Verhaltensvorschriften, das Recht des übergeordneten Teils, Vorschriften zu machen, die Begrenzung des Rechts der Herrschaft auf bestimmte Inhalte und Personen und die Sanktionierung der Nichtbefolgung von Vorschriften. Auf dieser Grundlage formuliert er seine Theorie des sozialen Konflikts. In jedem Herrschaftsverband gibt es positive und negative Herrschaftsrollen. Die Gegensätzlichkeit zwischen diesen beiden Quasi-Gruppen bedeutet, daß positive Herrschaftsrollen an der Erhaltung des Status quo interessiert sind, negative an der Veränderung des Status quo. Die Träger positiver oder negativer Herrschaftsrollen organisieren sich in Interessengruppen, die in ständigem Konflikt stehen um die Erhaltung oder Veränderung des Status quo. Der Konflikt zwischen den Interessengruppen führt vielfach zur Veränderung der Sozialzusammenhänge und der Herrschaftsverhältnisse.

Die Konflikttheorie, die hier nur punktuell dargestellt werden kann, soll die Soziologie befähigen, soziale Konflikte auf strukturelle Arrangements zurückzuführen. Dabei ist heute mehr, als es in Forschungsarbeiten der Vergangenheit der Fall war, davon auszugehen, daß Konflikte ein mehrdimensionales Geschehen darstellen. Das soll heißen, daß die meisten Konflikte mehrere Dimensionen umfassen, also nicht jeweils nur materielle und ökonomische Interessenkonflikte, Herrschaftskonflikte, soziale Rangkonflikte oder Wert- und Normenkonflikte sind. Die Dimensionen können auch nicht einfach auf wenige oder gar einen Faktor reduziert werden, wie beispielsweise bei R. Dahrendorf, der bei allen möglichen Konflikten stets Konflikte auf Grund von und um Herrschaft zu erkennen glaubt, oder bei K. Marx, wo Konflikte stets Konflikte um das Eigentum an Produktionsmitteln sind.

Weiterhin sollte man berücksichtigen, daß nicht jeder Konflikt sich auf eine Beziehung zwischen nur zwei Elementen zurückführen läßt. Hier geht man von der fälschlichen Voraussetzung aus, daß bei der Beteiligung mehrerer Parteien sich durch Koalitionen eine Bipolarität zwischen zwei Elementen herstellt. W. L. Bühl[44] schreibt hierzu ganz richtig: »Die logische Reduzierbarkeit ist aber sicher nicht gleichbedeutend mit einer tatsächlichen sozialen Reduktion: Die Dynamik des Konflikts beruht geradezu auf der Nichtreduzierbarkeit der geheimen und offenen, der mehrdeutigen und äußerst variablen Koalitionsbildungen«.

Auch die Annahme der Einheit (Homogenität) der konfligierenden Parteien ist nicht gerechtfertigt. Für R. Dahrendorf hingegen sind Konflikte, bei denen auf der einen Seite diese Identität fehlt, gewissermaßen unvollständige Konflikte. Auch bei K. Marx liegt eine solche Einheitsimplikation vor, wenn er die unterschiedlichen ökonomischen Existenzbedingungen (die unterschiedliche Lebensweise, Interessenlage und Bildung bedingen) als zureichende Basis der Klassenbildung ansieht. Von einer Einheit der Konfliktparteien ist schon deshalb abzusehen, weil soziale Konflikte in der Regel nicht direkt ausgetragen werden, d. h. nicht das gesamte, vom Konflikt subjektiv (und schon gar nicht das objektiv) betroffene Personal am Konflikt beteiligt ist. Fast alle sozialen Konflikte werden als Metakonflikte ausgetragen, durch einige Betroffene selbst, durch (betroffene oder nicht betroffene) Funktionäre oder durch (nicht betroffene) Beauftragte.

Für die Konfliktaustragung bieten sich mannigfaltige Modalitäten an. Man kann Konflikte dadurch verhindern, daß die Konfliktparteien sich überhaupt meiden und keine sozialen Beziehungen aufnehmen. Obwohl eine reine Strategie der Vermeidung in einer differenzierten und komplexen Gesellschaft kaum möglich ist, sind im sozialen Leben solche Vermeidungsmechanismen häufig eingebaut, so z. B. durch eine weitgehende Abschließung von sozialen Schichten, Rassen und Nationalitäten gegeneinander. Eine weitere

Möglichkeit der Konfliktbewältigung besteht darin, daß die konfligierenden Parteien sozusagen auf einen Part reduziert werden, indem die eine Partei die schwächere liquidiert, besiegt, unterwirft etc. und sie so als eigenständige Konfliktpartei ausschaltet.
Eine dritte Methode besteht in der Austragung der Konflikte unter Aufrechterhaltung der beiden konfligierenden Parteien durch Schließung eines Kompromisses. Hiermit ist häufig verbunden ein anderer Modus, nämlich die Ausweitung der Sozialbeziehungen der Konfliktparteien, vor allem durch die Hinzuziehung von dritten Personen und Parteien. Die erweiterten Sozialbeziehungen können zur Information und Kommunikation und so zur Aufklärung des Konflikts beitragen, sie lösen Konflikte eventuell aus ihrer sozialen Enge und führen zur Orientierung an größeren gesellschaftlichen Zusammenhängen, objektivieren unter Umständen den Konflikt, indem die dritte Partei einen mittleren Lösungsweg sucht.
Vielfach sind in Gesellschaften Konfliktaustragungen institutionalisiert, d. h. Institutionen bieten verbindliche Formen zur Austragung, fixieren hierfür Spielregeln. Bezeichnend hierfür sind die Arbeitskonflikte zwischen Unternehmern und Gewerkschaften, die nach bestimmten Regeln erfolgen. Allerdings setzt eine solche Formalisierung wenigstens ein Minimum an gemeinsamer Wertbasis voraus, wie z. B. die Anerkennung des Verhandlungspartners, das Interesse am Funktionieren der Wirtschaft, die Orientierung an Zuwachsraten der Produktion etc. Sehr oft ist nicht nur die Konfliktaustragung formalisiert, sondern auch die Lösung des Konflikts; es stehen hierfür legitimierte Instanzen zur Verfügung, die entscheiden, z. B. Gerichte, Schiedsgerichte oder sonstige Herrschaftspositionen wie die Vorgesetzten in einem Industriebetrieb.

Zur ersten Orientierung

W. L. Bühl, Evolution und Revolution. Kritik der symmetrischen Soziologie, München 1970

W. L. Bühl (Hrsg.), Konflikt und Konfliktstrategie. Ansätze zu einer soziologischen Konflikttheorie, München 1972

P. S. Cohen, Moderne soziologische Theorie. Erklärungsmodelle zwischenmenschlichen Verhaltens, Wien/Köln/Graz 1972

L. A. Coser, Theorie sozialer Konflikte, Neuwied und Berlin 1965

R. Dahrendorf, Konflikt und Freiheit. Auf dem Weg zur Dienstklassengesellschaft, München 1972

H. J. Krysmanski, Soziologie des Konflikts. Materialien und Modelle, Reinbek b. Hamburg 1971

W. E. Moore, Strukturwandel der Gesellschaft, München 1967 (Grundfragen der Soziologie Bd. 4)

K. H. Tjaden, Soziales System und sozialer Wandel. Untersuchung zur Geschichte und Bedeutung zweier Begriffe, Stuttgart 1972

W. Zapf (Hrsg.), Theorien des sozialen Wandels, Köln und Berlin 2. Aufl. 1970 (Neue Wissenschaftliche Bibliothek Bd. 31)

Reflexion über Gesellschaft hat es immer gegeben, soweit wir Geschichte an Hand schriftlicher Dokumente zurückverfolgen können, zunächst zumeist im Rahmen religiös- theologischer, philosophischer und historischer Überlegungen. Im europäischen Kulturkreis wurde die gesellschaftliche Fragestellung besonders virulent, als mit der bürgerlichen Revolution im 18. und frühen 19. Jahrhundert das Verhältnis von Staat und Gesellschaft problematisch wurde, dann im 19. Jahrhundert, als die bürgerliche Gesellschaft sich zur industriellen wandelte. Ausgangspunkt für eine moderne, erfahrungswissenschaftliche Soziologie sind jene Klassiker der Soziologie, die die Frage nach den Prinzipien und der Richtung gesellschaftlichen Wandels vor der Frage nach dem spezifischen Charakter der Soziologie und ihren Problemen zurücktreten ließen.

Zwar werden in der geschichtsphilosophischen Literatur eines K. Marx, A. Comte, H. Spencer etc. zentrale Fragestellungen der heutigen Soziologie diskutiert, so das Problem der wachsenden Differenzierung in der industriellen Gesellschaft und der damit verbundenen Integration bzw. Desintegration, aber die Konstituierung der spezifischen soziologischen Perspektive einer erfahrungswissenschaftlichen Disziplin setzt erst mit Männern wie E. Durkheim und M. Weber ein. Hier geht es nicht mehr um einen allgemeinen Deutungsanspruch im Bereich der Geschichte und Gesellschaft, der, obwohl er sich auf die Dimension des Weltimmanenten beschränkt, Ganzheitsanspruch erhebt und Handlungsmaßstäbe setzen will und so eher in der Tradition von Theologie und Philosophie steht als eine empirische Erfahrungswissenschaft begründet.

Wie die Klassiker einer erfahrungswissenschaftlichen Soziologie versuchen, in ihren »formalen« Soziologien den Gegenstand der Soziologie zu bestimmen, so hat auch heute noch eine allgemeine Soziologie die Aufgabe, durch Kennzeichnung des soziologischen Erkenntnisobjekts und der diesem adäquaten Methode den begrifflichen Rahmen empirisch-soziologischer Forschung abzustecken. Eine solche Abgrenzung eines Erkenntnisobjekts und die Entwicklung eines Begriffssystems und der wissenschaftlich angemessenen Fragestellungen werden dadurch erschwert, daß auch die Wissenschaftler Angehörige von Sozialsystemen sind, die sie sine ira et studio zu analysieren trachten, daß sie Subjekt und Objekt zu-

gleich sind. Zum anderen kommt in den Wissenschaften das Gesellschaftliche nicht eindeutig nur einer Wissenschaft zu; die Untersuchung menschlichen Verhaltens in Gesellschaft ist vielmehr Gegenstand einer Vielzahl von Disziplinen. Die Unterscheidung dieser Fachgebiete und Fächer muß also in verschiedenen Fragestellungen an den gleichen Objektbereich sinnlich wahrnehmbarer Sachverhalte begründet sein. Diese Art der Fragestellung, das spezifische soziologische Verständnis, wird vielfach durch die Formel, Gegenstand der Betrachtung sei das »Soziale«, näher gekennzeichnet, wobei sich dann aber in den Definitionen, wie die Welt des »Sozialen« mit Inhalt gefüllt wird, verschiedene Lösungen ergeben. Aus der Geschichte der Soziologie und dem gegenwärtigen Pluralismus des begrifflichen Bezugsrahmens wird deutlich, daß die Problemformulierungen für die Soziologie und die damit verbundenen unterschiedlichen Auffassungen über das Fach rückbezogen sind auf unterschiedliche Konzeptionen von Gesellschaft.
Sehen wir zunächst einmal von den verschiedenen soziologischen Ansätzen ab, so ist für das analytische Begriffssystem der allgemeinen Soziologie vor allem wichtig, Begriffe und Sätze zu konstruieren mit einem hohen Allgemeinheitsanspruch, so daß sich mannigfaltige Situationen hierunter subsumieren lassen. Soziologie geht es um die Aufdeckung von Regelmäßigkeiten bei der permanenten Produktion und Reproduktion von Gesellschaft, um soziologische Typenbildung; sie will das Allgemeine in den Erfahrungen am Besonderen erkennen und das Besondere auf dem Hintergrund des Allgemeinen erklären. Zum anderen sollen diese Begriffe und Sätze nicht einfach die Perspektive des Alltagswissens einnehmen, sondern die konkreten Ereignisse und Problemverständnisse weiter aufschlüsseln, andere Aspekte erschließen und kombinieren, verborgene Zusammenhänge entdecken, triftigere Erklärungsmodi anbieten. Soziologisches Denken kann sich nicht darauf beschränken, die in der Alltagswirklichkeit im sozialen Handeln gebildeten Definitionen gesellschaftlicher Tatsachen nur aufzunehmen; dann würde der wissenschaftliche Schritt, der der Analyse und neuen Synthese der im Alltagsleben geläufigen Wirklichkeit erst gar nicht getan. Der Zugang zum soziologischen Denken darf nicht verbaut werden durch einen ausschließlichen Zugewinn an Faktenwissen aus dem eingebrachten Bestand gesellschaftlicher Primärerfahrung; das soziologische Vorgehen besteht vielmehr darin, die Tatsächlichkeits- und Problemerfahrungen der Alltagswirklichkeit in einer Weise aufzuordnen, die dieser Erfahrung selbst nicht innewohnt. Soziologie sammelt nicht nur zu bestimmten Themen zusätzliche und bisweilen nicht geläufige und berücksichtigte Information, son-

dern »hinterfragt« die Selbstverständlichkeiten, die in dem ihr präsentierten Problembestand enthalten sind.
Ein solcher theoretischer Bezugsrahmen kann einer allzu großen Popularisierung und einem damit verbundenen wissenschaftlichen Niveauverlust gegensteuern. Gerade der Praxisbezug der Soziologie, ihre Bezogenheit auf gesellschaftliche Handlungswirklichkeit und deren Beeinflussung, bringt im besonderen Ausmaß eine solche Gefahr mit sich. Dies besagt nichts gegen einen sinnvollen Praxisbezug der Soziologie an unseren Hochschulen, sondern beinhaltet nur, daß eine praxisorientierte Soziologie nur in der Weise etabliert werden kann, daß mit einem begrifflichen Instrumentarium der Soziologie und mit einer spezifischen soziologischen Perspektive die Analyse ausgewählter Themen von gesellschaftlicher und gesellschaftspolitischer Relevanz betrieben wird. Ein konzeptioneller Rahmen der allgemeinen Soziologie sorgt weiterhin dafür, daß spezielle Soziologien, die Wissen über Teilbereiche der Gesellschaft liefern sollen (z. B. über Familie, Betrieb, Bildung, Gemeinde, Massenkommunikation etc.), sich nicht verselbständigen, sondern in der Orientierung an signifikanten soziologischen Fragestellungen ihren jeweiligen Gegenstand bestimmen und sich so theoretisch legitimieren.
Die Aporie für eine allgemeine Soziologie besteht nun hauptsächlich darin, daß es in der Soziologie eine Menge von Lehrmeinungen gibt, die nicht begrenzte Theorien zu begrenzten Problemkomplexen darstellen, sondern jeweils die Disziplin selbst und ihren Gegenstandsbereich unterschiedlich thematisieren. Sicherlich wäre es eine schlechte Lösung, entweder an Hand der Klassiker oder aber an Hand der gegenwärtigen Lehrmeinungen, wie sie sich in soziologischen Texten präsentieren, einfach die diversen Versuche einer Gewinnung der soziologischen Perspektive und der Konstituierung von Soziologie darzulegen und nebeneinander stehen zu lassen. Vielmehr scheint es sinnvoll, die grundsätzlichen interpretativen Ansätze in eine systematische Darstellung einzubringen und auf ihren jeweiligen Aussagewert zu relativieren. Soziologie zeichnete sich als junge Wissenschaft, die ihren Standort suchte, bezeichnenderweise dadurch aus, daß die einzelnen Wissenschaftler und Schulen vielfach ihre Ansätze im Kontrast zu anderen Perspektiven überspitzten und als allein gültig herausstellten; nunmehr befindet sich aber die Soziologie in einer Entwicklungsphase, wo die jeweiligen Ansätze in ihrer Tragfähigkeit und Triftigkeit zu analysieren und zu relativieren sind: Gesellschaft ist nicht nur subjektiv aufeinander bezogenes Verhalten, nicht einfach institutionalisierte Aktion, nicht immer ein weitgehend integriertes

System, nicht ausschließlich Konflikt, nicht nur im stetigen Wandel begriffen. Eine einzige Perspektive würde dem Phänomen des Gesellschaftlichen nicht voll gerecht.

Dieser Umstand, daß es in der Soziologie verschiedene Ansätze, Richtungen, Schulen und Strömungen gibt, hängt zusammen mit der Konstitutionsproblematik, die das soziologische Denken im Zugriff auf die gesellschaftliche Wirklichkeit zu lösen hat.[45] Die Auseinandersetzung mit diesen Ansätzen und ihrer Konkurrenz kann aus der Soziologie und dem Soziologiestudium nicht verbannt werden, weil der angemessene Erwerb und die Verarbeitung soziologischen Wissens davon abhängen, wie man die Ergebnisse des soziologischen Denkens im Zusammenhang der Lösung der Konstitutionsproblematik sieht, die ihnen zugrunde liegt. Jeder Modus, Soziologie zu betreiben, beruht auf einer Vorentscheidung über ihren Gegenstand. Ohne die verschiedenen Versuche zu kennen, das Problem der Perspektive soziologischen Denkens zu lösen, und ohne diese Versuche in ihrer Reichweite und ihren Folgen beurteilen zu können, wird man den präsentierten soziologischen Wissensbestand nicht kritisch rezipieren können. Ausbildung in Forschungstechniken und Anreicherung von Wissen über Teilbereiche der Gesellschaft führen zu nichts, wenn der Zugang zum soziologischen Denken nicht geöffnet wurde. Soziologische Analysen lassen sich nicht verstehen, wenn man nicht die vielfältigen Reflexionen über das komplexe Verhältnis, in dem die soziologischen Denkprozesse zur gesellschaftlichen Wirklichkeit stehen, nachvollzogen hat. Der Erwerb von Wissensinhalten ist nicht davon abzutrennen, wie sie gewonnen und theoretisch strukturiert werden.

Die vorliegende Arbeit versuchte, die unterschiedlichen Ansätze zwar nicht in extenso darzulegen, sondern in einem geschlossenen Entwurf in ihrer jeweiligen Reichweite und Leistungsfähigkeit für die Theoriebildung zu interpretieren. Dem Anspruch auf Exklusivität einer Perspektive wird am besten begegnet, wenn das Bemühen auf die Integration mehrerer Ansätze zielt, die sich als analytisches Instrumentarium für die empirische Realität bewähren müssen.

Zentraler Ausgangspunkt unserer Überlegungen war der Ansatz der Systemtheorie, da ohne diese grundlegenden Einsichten soziale Einheiten kaum als solche begrifflich erfaßt werden können. Was sind eigentlich soziologisch Gruppen, Institutionen, Gesellschaften, wenn Begriffe wie Funktion, Struktur, institutionalisiertes Handeln, Normen, Rollen nicht das analytische Gerüst darstellen? Hier geht es um die Erfassung jener Elemente, ohne die auf Dauer soziale Einheiten nicht bestehen können. Das Geordnete wird faßbar über die dem eigenen Handeln und dem Handeln anderer zugrundeliegenden Regelungen. Diese Regelungen sind dem Handeln nicht wie naturhaft vorgegeben. »Doch sie sind wiederum nicht bloße gedankliche Konstrukte, die nur in den Köpfen der Menschen vorhanden sind und sonst nicht. Gesellschaftliche Tatsachen sind handlungswirksame und handlungsleitende Konstrukte, über die sich das soziale Handeln bildet und abwickelt, und die, wenngleich von Menschen geschaffen und schaffbar, dennoch als dem Handeln »äußerliche Wirklichkeit« (oder auch, wenn man so will, als »materielles Substrat«) begegnen, insofern und indem sie sich in der Regelung des sozialen Handelns eine ständig sich wiederholende Bestätigung sichern und über diese Bestätigung die Kompetenz zur Definition gesellschaftlicher Wirklichkeit und damit auch die Kompetenz zur Verteilung materieller und immaterieller gesellschaftlicher Güter auf sich ziehen. So haben gesellschaftliche Tatsachen ihre Qualität als Wirklichkeit nicht in sich selbst, sondern in der Bestätigung, die sie im sozialen Handeln ständig finden. Dieses wiederum bedarf seinerseits der Bestätigung von Wirklichkeiten, die es als außer sich selbst liegend ansehen kann, um sich formieren zu können; das Sachhafte an den gesellschaftlichen Tatsachen wird zwar als Zwang erfahren, gibt jedoch zugleich dem sozialen Handeln Orientierung, indem es dessen Möglichkeiten strukturiert«.[46]

Andererseits ist die soziologische Perspektive nicht auf normiertes und in Systemen koordiniertes Handeln zu beschränken, sondern hat das Verhalten in weitgehend undefinierten Situationen zu berücksichtigen. Die soziologische Handlungstheorie erhellt, daß ein Handelnder auf das Handeln anderer nicht wie auf einen Reiz reagiert, sondern es deutet vor und in seinem Antworthandeln, unter Einsatz des ihm verfügbaren Bedeutungspotentials; Interaktion ist also ein interpretativer Prozeß, in dem die Handelnden sich aufeinander beziehen durch sinngebende Deutungen dessen, was der andere tut oder tun könnte, wobei die Handelnden wechselseitig ihre Handlungen als Ausdruck eines ihnen zugrundeliegenden Musters verstehen. Dieses elementare Verhalten ist kennzeichnend für viele Bereiche der Gesellschaft, aber auch Entstehungsbasis für den Aufbau von institutionalisiertem Verhalten und Wirkfaktor für sozialen Wandel. Alle sozial sinnhafte Struktur existiert ja nur so lange, wie ein entsprechend ausgerichtetes soziales Handeln sie als Dauerbeziehungen Gestalt gewinnen läßt. Soziologische Theorie hat also nicht nur darauf zu achten, wie sich objektive Welt der institutionalisierten Handlungen in Systemen

reproduziert, sondern wie Sprünge und Brüche auftreten und sozialen Wandel einleiten. Wandel und Konflikt sind ebenso konstitutiv für Gesellschaft, wenn auch andererseits nicht prinzipielle Widersprüchlichkeit und Konflikthaftigkeit kennzeichnend sind.
Mit der Bestimmung des allgemeinen Bezugsrahmens ergibt sich ein zentrales Moment für die soziologische Methode. Methode bezeichnet dabei nicht einfach eine Ansammlung von Techniken und pragmatischen Vorgehensweisen, sondern den Weg zum Ziel der begrifflichen Erfassung und Einordnung der zu untersuchenden Gegenstände. Ganz gleich, ob es den subjektiv gemeinten Sinn im Handeln betrifft oder den institutionalisierten und in Systemrelationen integrierten Sinn: Erklärungsgrund menschlichen Verhaltens ist der mit der Handlung gemeinte Sinn, d. h. etwas seinem Gehalt nach Verstehbares. Verstehbar deshalb, weil der Sinn des Handelns, sei er auf einen objektiven Bedeutungszusammenhang oder auf ein subjektives Handlungsziel gerichtet, einen Zusammenhang von Erkenntnis- und Werturteilen darstellt, der in soziologischer Analyse erkenntnismäßig expliziert werden kann. Im Gegensatz zur Naturwissenschaft, die einen Urteilszusammenhang über von sich aus sinnfreien Fakten darstellt, ist die empirische Wissenschaft vom sozialen Handeln ein Urteilszusammenhang über etwas, das als Sinnzusammenhang seinerseits einen Urteilszusammenhang darstellt.
Ein Angebot konkurrierender Theorien kann für den Erkenntnisfortschritt einer Wissenschaft sehr nützlich sein, wenn es über der Konfrontation zu einer vernünftigen Ideenkonkurrenz kommt. Das ist allerdings nur möglich bei weitgehendem Konsens über die Regeln der Überprüfung der Wissenschaftlichkeit von Aussagen. Gibt es hier gravierende Differenzen, so wird mit jedem einzelnen Forschungsproblem oder jedem Fragekomplex zugleich auch die Frage nach der letzten Selbstbegründung der Disziplin schlechthin aufgeworfen.
Solche grundsätzlichen wissenschaftstheoretischen Positionen bestimmen spätestens seit dem sogenannten Positivismusstreit in den 60er Jahren die soziologischen Kontroversen in Deutschland. Auf der einen Seite steht die kritisch-dialektische Philosophie, repräsentiert durch Th. W. Adorno und M. Horkheimer, später durch J. Habermas, auf der anderen die sogenannten Positivisten, vertreten vornehmlich durch K. R. Popper und H. Albert. Der Begriff der Positivisten wird in paradoxer Weise angewandt auf die erfahrungswissenschaftliche Schule, obwohl er in der Tradition A. Comtes eher auf die enzyklopädisch-geschichtsphilosophische

Soziologie der kritischen Schule zutrifft. Diese kritisch-dialektische Richtung in der Soziologie ist der Auffassung, Wissenschaft könne nicht wertfrei sein, habe nicht nur Information über Sachverhalte zu liefern, sondern müsse – in der Tradition der Philosophie – in einem ganzheitlichen, teleologischen Zugriff generelle Entwicklungstendenzen erkennen und hieraus Handlungsmaßstäbe gewinnen.

Anknüpfend an die Hegelsche Philosophie faßt die kritisch-dialektische Soziologie Gesellschaft und Geschichte als eine Totalität auf, jedoch nicht im Sinne der Systemtheorie, sondern als ein über seine Elemente dialektisch vermitteltes Ganzes. Eine Theorie der Gesellschaft bedarf des Vorgriffs auf das Ganze, um dessen Elemente in ihrem Zusammenhang angemessen erfassen zu können, und sie bedarf zugleich der Bewährung an der Untersuchung der einzelnen Elemente. Das Prinzip der dialektischen Soziologie ist in dieser Konzeption von Totalität begründet. Der Forscher kann sich in der Gesellschaftsanalyse nicht in der Weise von seinem Objekt distanzieren wie der Naturwissenschaftler; streng erfahrungswissenschaftliche Theoriebildung ist nicht möglich, denn die Einbeziehung des Wissenschaftlers in die von ihm untersuchten gesellschaftlichen Zusammenhänge verpflichtet ihn zu einer kritischen Theorie der Gesellschaft, die nicht nur abbildet, was ist, sondern auch das Abgebildete an seinen auf Grund des antizipierten Geschichtsverlaufs vorgestellten Möglichkeiten mißt. Diese Möglichkeiten zu entdecken und als Maß dem realen Zustand der Gesellschaft anzulegen für eine Veränderung dieses Zustandes, macht die Praxisverpflichtung der kritischen Theorie aus. Theorie ist nicht ablösbar von der gesellschaftlichen Praxis und muß eine gesellschaftsbildende und gesellschaftsverändernde Kraft sein; Erkenntnis hat sich am emanzipatorischen Interesse zu orientieren.

Dem Postulat von der Einsicht in das Wesen der Gesellschaft begegnet der kritische Rationalismus, der zurückgeht auf die analytische Wissenschaftstheorie und sich in der heute geläufigen Fassung in Deutschland im sogenannten Positivismusstreit formierte, mit der Konzeption von Soziologie als erfahrungswissenschaftlicher Einzelwissenschaft. Er wendet sich gegen jede Wahrheits- und Wirklichkeitsmetaphysik. Das an der Wissenschaftslogik und den hieraus entwickelten und überprüften Forschungsmethoden orientierte Handeln des Wissenschaftlers läßt einen unmittelbaren Eingriff in die Lösung praktischer gesellschaftlicher Probleme mit der Berufung auf seine wissenschaftliche Kompetenz nicht zu. Nur eine solche Konzeption erlaubt eine sinnvolle Konkurrenz verschiedener soziologischer Ansätze, indem ihre Leistungs- und

Tragfähigkeit an Hand intersubjektiv verbindlicher Kriterien überprüft werden. Soziologie geht demnach auf durch Erfahrung begründete Urteile aus; sie strebt nach Erfahrungsurteilen, die intersubjektiv überprüfbar sind, nicht nach Werturteilen. Objektivität bedeutet, daß eine Aussage abgelöst von der Person des Aussagenden Gültigkeit beanspruchen kann. Welche Wertungen Personen vornehmen – aus Glaubenssätzen, Bedürfnissen oder Interessen heraus – ist ein dem Forschungsprozeß externer Sachverhalt.
Die Begründung für eine solche Forderung nach Wertfreiheit wissenschaftlicher Aussagen ist sehr einfach: Wissenschaft hat über Sachverhalte zu informieren. Eine Wertung bedeutet jedoch eine Haltung des Aussagenden zu einem Sachverhalt, sagt also über das Subjekt der Forschung etwas aus, nicht über einen Sachverhalt des Objekts der Forschung. Wertungen sind allerdings bei Handlungsempfehlungen, z. B. bei wissenschaftlicher Beratung, legitim, insoweit die Empfehlungen sich in informatorische Sätze umformen lassen: etwa die Umformung des Satzes »tue X, um Y zu erreichen« in den Satz »wenn X getan wird, folgt Y«. Wertungen können freilich selbst zu Objekten wissenschaftlicher Forschung werden, wobei dann selbstverständlich die Sätze über Wertungen dem Kriterium der Wertfreiheit genügen müssen.
Die Gewinnung solcher Erfahrungsurteile erfordert eine Reflexion über Vorgehensweisen, die für konkrete Forschungsziele zweckmäßig festgelegt werden müssen. Es gilt, zur systematischen Erfassung von sozialen Objekten Forschungstechniken zu konzipieren, um Daten zu erheben und diese auf Grund von formalisierter und standardisierter Erfassung auswerten zu können; nur so ist die Überprüfbarkeit der Ergebnisse gewährleistet. Es kommt dabei auf die richtige Anwendung der Techniken an. Die Mannigfaltigkeit der soziologischen Untersuchungsobjekte und soziologischer Fragestellungen führt jeden Monismus im pragmatischen Vorgehen ad absurdum. Jede Technik ist so viel wert wie die Resultate, die mit ihrer Hilfe erreicht werden.
Das so empirisch ermittelte Wissen stellt sich dann dar in vom Bezugsrahmen der allgemeinen Soziologie her geordneten Aussagen und Theorien. Unter Theorie versteht man zumeist ein zusammenhängendes, in sich widerspruchfreies Aussagesystem, das Sätze über die Wirklichkeit enthält, die bisher noch nicht widerlegt wurden. Selbstverständlich gibt es Grenzen für theoretische Aussagen, sollen sie nicht nur als abstrakte und formale Denkmodelle Geltung haben: Sie sind in ihrer Gültigkeit gesellschaftsgebunden, d. h. raumzeitlich begrenzt. Um Theorien empirisch überprüfen zu können, benötigt man Theorien mit wirklichkeits-

orientiertem Informationsgehalt. Wenn man mit der Wissenschaftslogik von dem Postulat ausgeht, daß Sätze einer Theorie so formuliert sein müssen, daß sie prinzipiell überprüfbar und damit prinzipiell widerlegbar sind, dann bedeutet das für die in der Theorie verwendeten Begriffe, daß diese operationalisierbar zu sein haben, d. h. daß die Sätze der Theorie an eine intersubjektiv erfahrbare Wirklichkeit herantransformierbar sein müssen, an der sie dann potentiell scheitern können. Erfüllen Sätze einer Theorie nicht das Postulat prinzipieller Widerlegbarkeit, müssen sie aus der erfahrungswissenschaftlichen Theorie entfernt werden, da über ihre Falschheit keine Entscheidung getroffen werden kann.

Das Verhältnis von Theorie und Empirie ist im empirischen Forschungsprozeß immer ein wechselseitiger Prozeß; die Theorie hat von den empirischen Fakten auszugehen, andererseits läßt sich über empirische Fakten nichts aussagen, wenn man nicht bereits einen Vorbegriff von den sozialen Strukturzusammenhängen besitzt. Weder hat die Forschung ohne Theorie einen Sinn, noch Theorie ohne Empirie.

Im Gegensatz zu diesem sozialwissenschaftlichen Erkenntnisprozeß sind Werte, die objektiv gelten sollen, keine Erfahrungsurteile. Diese grundlegende Einsicht bedeutet nicht, daß die Soziologie das politische Engagement – wie es z. B. die geschichtsphilosophischen Theorien von K. Marx und A. Comte auszeichnete – aus den Augen verliert; sie hat als kritische Soziologie im Rahmen des Problemkreises Theorie und Praxis ihren gesellschaftspolitischen Standort zu reflektieren. Wissenschaftliche Erkenntnis als methodisch geregelter Erfahrungsprozeß hat ja nichttheoretische Voraussetzungen und Konsequenzen.

Zu diesen Voraussetzungen gehört, daß festgelegt werden muß, welche Erfahrungsurteile gewonnen werden sollen; in der sozialen Handlungswissenschaft heißt das z. B.: es muß entschieden werden, welche konkreten Denk- und Handlungsabläufe einer konkreten, also zeitlich und örtlich bestimmten Menschengruppe theoretisiert werden sollen. Insofern also in diesem Sinne Theorie als ein Teil der gesellschaftlichen Praxis begriffen wird, ist die Kritik am Neopositivismus gerechtfertigt. Die Repräsentanten der Wissenschaft können sich auf alle Fälle nicht von den gesellschaftspolitischen Implikationen ihres Tuns entlasten, sondern müssen Möglichkeiten schaffen für eine ideologiekritische Diskussion von Interessen; sie müssen insbesondere die gesellschaftlichen Konsequenzen ihrer Arbeit mitbedenken und mitverantworten. Die Kritil an einer auf erfahrungswissenschaftliche Erkenntnisse ausgehenden Soziologie hat also auch praktische Kritik ihrer nichttheoretischen Voraussetzungen und Konsequenzen mitzubeinhalten. Die nichttheoretischen Voraussetzungen können, ja müssen gesellschaftsphilosophisch erörtert werden, sind aber nicht mit erfahrungswissenschaftlichen Urteilen zu vermischen. Die Frage nach dem Zweck wissenschaftlicher Arbeit und der gesellschaftlichen Relevanz ihrer Ergebnisse ist immer wieder aufs neue zu stellen. H. Baier formuliert diesen Standpunkt so: »Die Einheit von theoretischer Kritik, also von logischer und methodologischer Analytik der Forschungsleistungen, und von praktischer Kritik, also von Diskussion ihrer Herkunftsinteressen und strategischer Entscheidung über ihre Veränderungschancen, ist nichts anderes als die Einheit des Erkenntnisfortschritts in den Sozialwissenschaften selbst«.[47]

Soziologie kann sich also durchaus um eine die etablierte Gesellschaftsordnung transzendierende Reflexion bemühen und Bezugspunkte alternativer sozialer Strukturen und Prozesse entwickeln, die von anderen Bedürfnis-Interessen- und Wertorientierungen getragen werden. Eine solche zukunftsbezogene Soziologie vermag Differenzen aufzuweisen zwischen den Leitbildern menschlicher Selbstverwirklichung und den in einer Gesellschaft vorhandenen Zwängen von Herrschaft und soziokulturellen Selbstverständlichkeiten; sie kann Wege aufzeigen zu größerer Autonomie und Emanzipation von Individuen und Gruppen und demonstrieren, wie gesellschaftliche Ordnung für menschliche Selbstentfaltung dienstbar zu machen ist. Soziologie fragt so nach sozialen Bedingungen für die Realisierung anderer Bewußtseins- und Handlungsweisen und sucht nach gesellschaftlichen Schaltstellen, von denen aus das vorschwebende Gesellschaftsbild angesteuert werden kann.

Gibt es über diese Werte der Autonomie und Emanzipation im Abstrakten noch in etwa Einigkeit, so bestehen doch über ihre Realisierung in konkreten Lebensformen große Auffassungsunterschiede: es existiert nicht *die* Konzeption einer vernünftigen Gesellschaft, die allen Soziologen als Richtschnur zu verschreiben wäre, sondern eine Reihe von Projektionen über die idealen Formen menschlichen Zusammenlebens. Als Legitimation für eine solche »projektive« Soziologie[48] kann die grundsätzliche Einsicht in den soziologischen Gegenstand dienen, die die Möglichkeit der Distanz von Individuen und Gruppen gegenüber gesellschaftlichen Erwartungen impliziert und nicht nur von dem Bezugsrahmen der Ordnung als institutionalisiertem Handeln ausgeht. Es gilt für die Soziologie als Wissenschaft, die Chance wahrzunehmen, die weitgehende Freiheit vom Naturzwang und die potentielle Freiheit von zur »zweiten Natur« gewordenen kulturellen Zwängen durch Entwürfe individueller und kollektiver Selbstgestaltung auszufüllen und die fatalistische Unterwerfung unter vorgeblich gesellschaftliche Notwendigkeiten und die sie stützenden Sanktionen zurückzunehmen.

Wird ein Bild vom Menschen zugrunde gelegt, so muß die Analyse dessen, was wirklich ist, nicht mit Werturteilen vermischt sein. Obwohl Soziologie außerhalb ihres methodisch abgesteckten Objektbereichs noch Aussagen trifft, so kann sie gleichwohl nicht objektiv verbindliche Handlungsformen entwickeln, sondern nur möglichst konkrete Zielzustände projektieren und sie einzelnen und Gruppen zur Identifikation und Realisierung in pragmatischer Politik antragen. Eine so verstandene Soziologie muß den Totalitätsanspruch eines Vorgriffes auf die Zukunft, der sich auf eine aus dem Geschichtsablauf eindeutig eruierbare Ausfüllung der Zukunft beruft, ablehnen und betonen, daß eine prätendierte Objektivität des Gesellschaftsgeschehens nicht die subjektive Entscheidung zugunsten alternativer Lebensmuster verdrängen kann.

Zur ersten Orientierung

Th. W. Adorno u. a., Der Positivismusstreit in der deutschen Soziologie, Neuwied und Berlin 1969

H. Albert, Theorie und Realität, Tübingen 1964

E. Betti, Die Hermeneutik als allgemeine Methode der Geisteswissenschaften, Tübingen 1962

W. L. Bühl (Hrsg.), Verstehende Soziologie. Grundzüge und Entwicklungstendenzen, München 1972

H. G. Gadamer, Wahrheit und Methode. Grundzüge einer philosophischen Hermeneutik, Tübingen 2. Aufl. 1965

J. Habermas, Zur Logik der Sozialwissenschaften, Tübingen 1967 (Beiheft 5 der Philosophie. Rundschau)

J. Habermas, Erkenntnis und Interesse, Frankfurt/Main 4. Aufl. 1967

H. Klages, Soziologie zwischen Wirklichkeit und Möglichkeit. Plädoyer für eine projektive Soziologie, Köln und Opladen 1968

K. D. Opp, Methodologie der Sozialwissenschaften. Einführung in Probleme ihrer Theorienbildung, Reinbek b. Hamburg 1970

K. R. Popper, Logik der Forschung, Tübingen 2. Aufl. 1966

E. Topitsch (Hrsg.), Logik der Sozialwissenschaften, Köln und Berlin 5. Aufl. 1968

B. Schäfers (Hrsg.), Thesen zur Kritik der Soziologie, Frankfurt/Main 1969

Anmerkungen

Vorbemerkung: Es ist unmöglich, in einer Einführung in die Soziologie alle gedanklichen Bezüge zu anderen Autoren zu belegen. Wir geben in der Regel nur die Fundorte der wörtlichen Zitate an und verweisen ansonsten auf die jedem Kapitel zugeordneten Literaturhinweise.

1 H. Girndt, Das soziale Handeln als Grundkategorie erfahrungswissenschaftlicher Soziologie, Tübingen 1967 (Veröffentlichungen des Max-Weber-Instituts der Universität München Bd. 1), S. 59.

2 A. Vierkandt, Gesellschaftslehre, Stuttgart 1923, S. 3.

3 M. Weber, Wirtschaft und Gesellschaft. Grundriß der verstehenden Soziologie, Köln/Berlin 1964 (Studienausgabe in 2 Bde.), S. 3. Vgl. für das folgende H. Girndt, a. a. O.

4 M. Weber, ebd., S. 3.

5 P. L. Berger, Th. Luckmann, Die gesellschaftliche Konstruktion der Wirklichkeit. Eine Theorie der Wissenssoziologie, 2. Aufl. Stuttgart 1971, S. 60.

6 M. Weber, Soziologische Grundbegriffe, 2. Aufl. Tübingen 1966, S. 23. Vgl. für die Ableitung aus der Geltung einer legitimen Ordnung ebd., S. 25 ff.

7 E. Durkheim, Die Regeln der soziologischen Methode, 2. Aufl. Neuwied und Berlin 1965, S. 106.

8 Für die anthropologischen Prämissen vgl.: A. Portmann, Zoologie und das neue Bild vom Menschen, Hamburg 1956; A. Gehlen, Der Mensch, Bonn 1962; K. Lorenz, Über tierisches und menschliches Verhalten, München 1965; D. Claessens, Familie und Wertsystem, 2. Aufl. Berlin 1967 (Soziologische Abhandlungen Bd. 4); H. Plessner, Die Stufen des Organischen und der Mensch, Berlin 1928; M. Scheler, Die Stellung des Menschen im Kosmos, Darmstadt 1928.

9 Siehe die im Literaturverzeichnis aufgeführten Arbeiten von T. Parsons.

10 Für die Kritik an T. Parsons vgl. A. G. Brandenburg, Systemzwang und Autonomie. Gesellschaft und Persönlichkeit bei T. Parsons, Düsseldorf 1971 (Studien zur Sozialwissenschaft Bd. 1).

11 N. Luhmann, Moderne Systemtheorie als Form gesamtgesellschaftlicher Analyse, in: Th. W. Adorno (Hrsg.), Spätkapitalismus oder Industriegesellschaft? Verhandlungen des 16. Deutschen Soziologentages, Stuttgart 1969, S. 257. Die folgenden Gedanken basieren auf den Arbeiten von N. Luhmann; siehe insbesondere: N. Luhmann, Soziologie als Theorie sozialer Systeme, in: Kölner Zeitschrift für Soziologie und Sozialpsychologie 19, 1967, S. 615 ff.

12 Gute Zusammenfassungen der Theorien abweichenden Verhaltens liefern: A. K. Cohen, Abweichung und Kontrolle, 2. Aufl. München 1970 (Grundfragen der Soziologie Bd. 7) und G. Wiswede, Soziologie abweichenden Verhaltens, Stuttgart/Berlin/Köln/Mainz 1973.

13 Vgl. R. Linton, The Study of Man, New York 1936, S. 113 ff.; ders., The Cultural Background of Personality, London 1947, S. 50ff.; T. Parsons, The Social System, Glencoe 1950, S. 25ff.

14 R. K. Merton, Social Theory and Social Structure, 3. Aufl. Glencoe 1968; ders., The Role-set. Problems in Sociological Theory, in: British Journal of Sociology 8, 1957, S. 106ff.

15 H. P. Dreitzel, Die gesellschaftlichen Leiden und das Leiden an der Gesellschaft, Stuttgart 1968 (Göttinger Abhandlungen zur Soziologie und ihrer Grenzgebiete Bd. 14), S. 165. Vgl. für die folgenden Passagen ebd., S. 156ff.

16 R. Dahrendorf, Homo Sociologicus. Ein Versuch zur Geschichte, Bedeutung und Kritik der Kategorie der sozialen Rolle, 8. Aufl. Köln/Opladen 1969.

17 Vgl. für die Freiheitsproblematik im Rahmen der Rollentheorie die im Literaturverzeichnis aufgeführten Arbeiten von D. Claessens, U. Gerhardt, E. Goffman, H. P. Dreitzel; außerdem: J. Habermas, Theorie der Sozialisation, o. O. 1968 (Vervielfältigtes Arbeitspapier).

18 T. Parsons, The Social System, Glencoe Ill. 1961; ders., The Pattern Variables Revisited, in: American Sociological Review 25, 1960, S. 467ff.; eine gute Zusammenfassung gibt R. Mayntz, in: W. Bernsdorf, Wörterbuch der Soziologie, 2. Aufl. Stuttgart 1969, S. 791ff.; eigentlich handelt es sich um fünf Alternativen.

19 F. Tönnies, Gemeinschaft und Gesellschaft, Darmstadt 1963 (Nachdruck der 8. Aufl. von 1935).

20 Eine gut lesbare Einführung gibt R. Mayntz, Soziologie der Organisation, Reinbek b. Hamburg 1963.

21 Ebd., S. 59 und 60.

22 Die Kategorien gehen auf M. Scheler, H. Plessner und A. Gehlen zurück; M. Scheler, Die Stellung des Menschen im Kosmos, Darmstadt 1928; ders., Mensch und Geschichte, Zürich 1929; H. Plessner, Die Stufen des Organischen und der Mensch, Berlin 1928; ders., Lachen und Weinen, Bern 1950; A. Gehlen, Der Mensch, Bonn 1962; ders., Anthropologische Forschung, Reinbek b. Hamburg 1961.

23 Zur ersten Orientierung eignet sich die Arbeit von H. Fend, Sozialisierung und Erziehung. Eine Einführung in die Sozialisierungsforschung, 4. Aufl. Weinheim/Berlin/Basel 1971 (Studien zur Erziehungswissenschaft Bd. 5).

24 G. Wurzbacher (Hrsg.), Der Mensch als soziales und personales Wesen, Stuttgart 1963, S. 14ff.

25 Siehe D. Claessens, Familie und Wertsystem, 2. Aufl. Berlin 1967 (Soziologische Abhandlungen Bd. 4).

26 E. K. Scheuch, H. J. Daheim, Sozialprestige und soziale Schichtung, in: D. W. Glass, R. König (Hrsg.), Soziale Schichtung und soziale Mobilität, 4. Aufl. Köln/Opladen 1970 (Sonderheft 5 der Kölner Zeitschrift für Soziologie und Sozialpsychologie), S. 103; H. Moore, G. Kleining, Das soziale Selbstbild der Gesellschaftsschichten in Deutschland, in: Kölner Zeitschrift für Soziologie und Sozialpsychologie 12, 1960, S. 91; die Tabelle wurde übernommen von K. M. Bolte (Hrsg.), Deutsche Gesellschaft im Wandel, Opladen 1967, S. 296f.

27 Tabelle nach K. M. Bolte, ebd., S. 316.

28 R. Dahrendorf, Über den Ursprung der Ungleichheit unter den Menschen, 2. Aufl. Tübingen 1966 (Recht und Staat, Heft 232).

29 Die wichtigsten Beiträge von K. Davis und W. Moore finden sich in American Sociological Review 7, 1942, und 10, 1945; für T. Parsons siehe: Ansatz zu einer analytischen Theorie der sozialen Schichtung, in: T. Parson, Beiträge zur soziologischen Theorie, Neuwied 1964 Soziologische Texte Bd. 15) S. 180ff.

30 H. Freyer, Theorie des gegenwärtigen Zeitalters, Stuttgart 1965, S. 100.

31 Für die Herrschafts- und Machtdiskussion siehe M. Weber, Wirtschaft und Gesellschaft. Grundriß der verstehenden Soziologie, Köln/Berlin 1964 (Studienausgabe in 2 Bde.), S. 157ff.

32 J. Chr. Papalekas, Herrschaftsstruktur und Elitebildung, ein bleibendes Problem der gesellschaftlichen Wirklichkeit, in: Jahrbuch für Sozialwissenschaft 14, 1963, S. 59f.

33 Siehe Anm. 31.

34 Vgl. H. Hartmann, Funktionale Autorität, Stuttgart 1964.

35 Th. Geiger, Artikel »Führung«, in: A. Vierkandt (Hrsg.), Handwörterbuch der Soziologie, Stuttgart 1931 (Nachdruck 1959).

36 M. Weber, Wirtschaft und Gesellschaft. Grundriß der verstehenden Soziologie, Köln/Berlin 1964 (Studienausgabe in 2 Bde.), S. 159ff.

37 W. Strzelewicz, Herrschaft ohne Zwang? Systeme und Interpretation der Autorität heute, in: G. Hartfiel (Hrsg.), Die autoritäre Gesellschaft, 3. Aufl. Opladen 1972, S. 38f.

38 Siehe am besten T. Parsons, The Social System, Glencoe Ill. 1961.

39 W. F. Ogburn, Social Change, New York 1952 (zuerst 1922).

40 Für Definition vgl. H. J. Krysmanski, Soziologie des Konflikts. Materialien und Modelle, Reinbek b. Hamburg 1971, S. 232ff.

41 L. W. Pye, Aspects of Political Development, 2. Aufl. Boston/Toronto 1966, S. 63ff.; G. Almond, B. Powell, Comparative Politics, Boston 1966, S. 35ff.

42 L. A. Coser, Theorie sozialer Konflikte, Neuwied/Berlin 1965.

43 R. Dahrendorf, Soziale Klassen und Klassenkonflikt, Stuttgart 1957; ders., Konflikt und Freiheit, München 1972.

44 W. L. Bühl (Hrsg.), Konflikt und Konfliktstrategie. Ansätze zu einer soziologischen Konflikttheorie, München 1972, S. 18; siehe für unsere Darstellung ebd., S. 16ff.

45 Eine sehr gute Einführung in die Problematik der soziologischen Perspektive liefert J. Matthes, Einführung in das Studium der Soziologie, Reinbek b. Hamburg 1973.

46 Ebd., S. 98.

47 H. Baier, Acht Thesen zur theoretischen und praktischen Kritik der Sozialwissenschaften, in: B. Schäfers (Hrsg.), Thesen zur Kritik der Soziologie, Frankfurt/Main 1969, S. 28.

48 H. Klages, Soziologie zwischen Wirklichkeit und Möglichkeit. Plädoyer für eine projektive Soziologie, Köln/Opladen 1968.

Literaturverzeichnis

Abel, Th., The Operation Called Verstehen, in: American Journal of Sociology 44, 1948, S. 211–218

Adorno, Th. W., u. a., Der Positivismusstreit in der deutschen Soziologie, Neuwied und Berlin 1969

Ders., Bemerkungen über Statik und Dynamik in der Gesellschaft, in: Kölner Zeitschrift für Soziologie und Sozialpsychologie 8, 1956, S. 321ff.

Ders., Aufsätze zur Gesellschaftstheorie und Methodologie, Frankfurt/Main 1970

Ders.; Frenkel-Brunswik, E.; Levinson, D. J. und Sanford, R. N., The Authoritarian Personality – Studies in Prejudice, New York 1950

Albert, H., Theorie und Realität, Tübingen 1964

Ders., Traktat über kritische Vernunft, Tübingen 1968

Ders., Konstruktion und Kritik. Aufsätze zur Philosophie des Kritischen Rationalismus, Hamburg 1972

Allerbeck, K., Datenverarbeitung in der empirischen Sozialforschung. Eine Einführung für Nichtprogrammierer, Stuttgart 1972

Allport, F. A., Institutional Behavior, Chapel Hill, N. J., 1933

Argyle, M., Soziale Interaktion, Köln 1972

Atkinson, R., Action Theory. Reinterpretation and Alternative, London 1971

Atteslander, P., Methoden der empirischen Sozialforschung, Berlin 1969

Bahrdt, H. P., Wege zur Soziologie, München 1966

Bales, R. F., Die Interaktionsanalyse: Ein Beobachtungsverfahren zur Untersuchung kleiner Gruppen, in: R. König (Hg.) Beobachtung und Experiment in der Sozialforschung, Köln 1962

Banton, M., Roles. An Introduction to the Study of Social Relations, London 1965

Barion, J., Was ist Ideologie? Eine Studie zu Begriff und Problematik, 2. Aufl. Bonn 1971

Barley, D., Grundzüge und Probleme der Soziologie, 3. Aufl. Neuwied 1968

Barnes, H. E. (Ed.), An Introduction to the History of Sociology, 2. Aufl. London 1965

Battegay, R., Der Mensch in der Gruppe, Bd. 1, Bern und Stuttgart 1967

Becker, H.; Barnes, H. E., Social Thought from Lore to Science, 2. Aufl. Washington 1952

Becker, H.; Boskoff, A. C. (Eds.), Modern Sociological Theory, New York 1961

Becker, H. S., Outsiders. Studies in the Sociology of Deviance, New York/London 1963

Bellebaum, A., Soziologische Grundbegriffe. Eine Einführung für soziale Berufe, Stuttgart 1972

Bendix, R., Herrschaft und Industriearbeit, Frankfurt 1960

Berger, P. L.; Luckmann, Th., Die gesellschaftliche Konstruktion der Wirklichkeit. Eine Theorie der Wissenssoziologie, 2. Aufl. Stuttgart 1971

Ders., Einladung zur Soziologie, Olten und Freiburg i. Br. 1969
Ders.; Berger, B., Sociology. A. Biographical Approach, New York/London 1972
Bernsdorf, W., Internationales Soziologenlexikon, Stuttgart 1959
Ders., Wörterbuch der Soziologie, Stuttgart 1955
Betti, E., Die Hermeneutik als allgemeine Methode der Geisteswissenschaften, Tübingen 1962
Biddle, B. J.; Thomas, E. J., Role Theory: Concepts and Research, New York/London/Sydney 1966
Bierstedt, R. A., A Design for Sociology: Scope, Objectives and Methods, Philadelphia 1969
Ders., The Social Order, New York 1957
Blalock, H. M., Social Statistics, New York 1966
Blau, P. M.; Schoenherr, R. A., The Structure of Organisations, New York 1971
Bodzenta, E., (Hg.), Soziologie und Soziologiestudium, Wien/New York 1966
Bolte, K. M.; Kappe, D.; Neidhardt, F., Soziale Schichtung, Opladen 1966 (Struktur und Wandel der Gesellschaft; Reihe B der Beiträge zu Sozialkunde)
Ders., Soziologie, in: Ballmann, R., (Hg.), Die Sozialwissenschaften. Eine Einführung für Studium und Beruf, Bielefeld 1969
Böttcher, W., (Hg.), Herrschaft und Macht, Düsseldorf 1972 (Studienreihe Sozialwissenschaften Bd. 2)
Bouman, P. J., Einführung in die Soziologie, 2. Aufl. Stuttgart 1960
Ders., Grundlagen der Soziologie, Stuttgart 1968
Brandenburg, A. G., Systemzwang und Autonomie. Gesellschaft und Persönlichkeit bei T. Parsons, Düsseldorf 1971 (Studien zur Sozialwissenschaft Bd. 1)
Broom, L.; Selznick, Ph., Sociology. A Text with Adapted Readings, 4. Aufl. New York 1969
Bühl, W. L., (Hg.), Konflikt und Konfliktstrategie. Ansätze zu einer soziologischen Konflikttheorie, München 1972
Ders., (Hg.), Verstehende Soziologie. Grundzüge und Entwicklungstendenzen, München 1972
Ders., Evolution und Revolution. Kritik der symmetrischen Soziologie, München 1970
Bunge, M., Causality - The Place of the Causal Principle in Modern Science, Cambridge (Mass.) 1959
Carnap, R., Logical Foundations of Probability, Chicago 1962
Ders., Induktive Logik und Wahrscheinlichkeit, bearb. und hrsg. v. Stegmüller, W., Wien 1959
Chapin, F. S., Contemporary American Institutions, New York 1935
Chinoy, E., Society. An Introduction to Sociology, 2. Aufl. New York 1967
Cicourel, A. V., Methode und Messung in der Soziologie, Frankfurt/Main 1970
Claessens, D., Familie und Wertsystem, 2. Aufl. Berlin 1967 (Soziologische Abhandlungen Bd. 4)
Ders., Rolle und Macht, München 1968 (Grundfragen der Soziologie Bd. 6)
Clinard, M. H., (Ed.), Anomie and Deviant Behavior, New York 1964

Cochran, W. G., Sampling Techniques, New York 1953
Cohen, A. K., Abweichung und Kontrolle, 2. Aufl. München 1970 (Grundfragen der Soziologie Bd. 7)
Cohen, P. S., Moderne soziologische Theorie. Erklärungsmodelle zwischenmenschlichen Verhaltens, Wien/Köln/Graz 1972
Coser, L. A., Theorie sozialer Konflikte, Neuwied/Berlin 1965
Ders.; Rosenberg, B., Sociological Theory. A Book of Readings, 2. Aufl. New York 1967
Cuvillier, A., Kurzer Abriß der soziologischen Denkweise, Stuttgart 1960
Dahrendorf, R., Soziale Klasse und Klassenkonflikt, Stuttgart 1957
Ders., Pfade aus Utopia. Arbeiten zur Theorie und Methode der Soziologie, München 1967
Ders., Über den Ursprung der Ungleichheit unter den Menschen, 2. Aufl. Tübingen 1966 (Recht und Staat Heft 232)
Ders., Konflikt und Freiheit. Auf dem Weg zur Dienstklassengesellschaft, München 1972
Ders., Gesellschaft und Demokratie in Deutschland, München 1965
Ders., Homo Sociologicus. Ein Versuch zur Geschichte, Bedeutung und Kritik der Kategorie der sozialen Rolle, 8. Aufl. Köln/Opladen 1969
Ders., Struktur und Funktion. T. Parsons und die Entwicklung der soziologischen Theorie, in: Kölner Zeitschrift für Soziologie und Sozialpsychologie 7, 1955, S. 4ff.
Ders., Gesellschaft und Freiheit. Zur soziologischen Analyse der Gegenwart, München 1961
Ders., Die angewandte Aufklärung. Gesellschaft und Soziologie in Amerika, München 1963
Davis, K., Human Society, 6. Aufl. New York 1954
Demo, P., Herrschaft und Geschichte. Zur politischen Gesellschaftstheorie Freyers und Marcuses, Meisenheim am Glan 1973
Dreitzel, H. P., Die gesellschaftlichen Leiden und das Leiden an der Gesellschaft, Stuttgart 1968 (Göttinger Abhandlungen zur Soziologie und ihrer Grenzgebiete, Bd. 14)
Dubin, R., Deviant Behavior and Social Structure, in: American Sociological Review 24, 1959, S. 147ff.
Durkheim, E., Die Regeln der soziologischen Methode, hrsg. v. R. König, 2. Aufl. Neuwied/Berlin 1965
Ders., De la division du travail, Paris 1963
Ders., Le suicide, Paris 1930
Duverger, M., Méthodes des Sciences Sociales, Paris 1961
Eichhorn, W. u. a. (Hg.), Wörterbuch der marxistisch-leninistischen Soziologie, Berlin DDR 1969; Köln/Opladen 1971
Eisenstadt, S. M., Von Generation zu Generation, München 1966
Eisermann, G., Die Lehre von der Gesellschaft. Ein Lehrbuch der Soziologie, Stuttgart 1958; 2. völlig veränderte Aufl. Stuttgart 1969
Ders. (Hg.), Soziologisches Lesebuch, Stuttgart 1969
Etzioni, A., Soziologie der Organisationen, 3. Aufl. München 1971
Fairchild, H. P. (Hg.), Dictionary of Sociology, New York 1944
Faris, R. L. (Hg.), Handbook of Modern Sociology, Chicago 1964
Feibleman, J. K., The Institutions of Society, London 1956
Fend, H., Sozialisierung und Erziehung. Eine Einführung in die Sozialisierungsforschung, 4. Aufl. Weinheim/Berlin/Basel 1971

Fichter, J. H., Grundbegriffe der Soziologie, 3. Aufl. Wien/New York 1970
Fijalkowski, J., Über einige Theorie-Begriffe in der deutschen Soziologie der Gegenwart, in: Kölner Zeitschrift für Soziologie und Sozialpsychologie 13, 1961, S. 88ff.
Francis, E. K., Wissenschaftliche Grundlagen soziologischen Denkens, 2. Aufl. München 1965
Freyer, H., Soziologie als Wirklichkeitswissenschaft, Darmstadt 1964
Friedrichs, J., Methoden empirischer Sozialforschung, Reinbek b. Hamburg 1973
Ders.; Lüdtke, H., Teilnehmende Beobachtung. Zur Grundlegung einer sozialwissenschaftlichen Methode empirischer Feldforschung, Weinheim/Berlin/Basel 1971
Fuchs, W.; Klima, R.; Lautmann, R.; Rammstedt, O.; Wienold, H. (Hg.), Lexikon zur Soziologie, Köln/Opladen 1972
Fürstenau, P., Soziologie der Kindheit, Heidelberg 1971 (Gesellschaft und Erziehung Bd. 3)
Fürstenberg, F., Soziologie, Berlin/New York 1971
Gadamer, H. G., Wahrheit und Methode. Grundzüge einer philosophischen Hermeneutik, 2. Aufl. Tübingen 1965
Gehlen, A., Der Mensch, Bonn 1962
Ders., Anthropologische Forschung. Zur Selbstbegegnung und Selbstentdeckung des Menschen, 3. Aufl. Reinbek bei Hamburg 1964
Ders., Urmensch und Spätkultur, 2. Aufl. Frankfurt am Main 1964
Ders.; Schelsky, H., Soziologie, 7. Aufl. Köln 1968
Geiger, Th., Vorstudien zu einer Soziologie des Rechts, Neuwied 1964 (Soziologische Texte Bd. 20)
Gerhardt, U., Rollenanalyse als kritische Soziologie, Neuwied/Berlin 1971 (Soziologische Texte Bd. 72)
Girndt, H., Das soziale Handeln als Grundkategorie erfahrungswissenschaftlicher Soziologie, Tübingen 1967 (Veröffentlichungen des Max-Weber-Instituts der Universität München Bd. 1)
Glass, D. W.; König, R. (Hg.), Soziale Schichtung und soziale Mobilität, 4. Aufl. Köln/Opladen 1970 (Sonderheft 5 der Kölner Zeitschrift für Soziologie und Sozialpsychologie)
Goffman, E., Verhalten in sozialen Situationen. Strukturen und Regeln der Interaktion im öffentlichen Raum, Gütersloh 1971
Ders., The Presentation of Self in Everday-Life, New York 1959
Ders., Encounters. Two Studies in the Sociology of Interaction, Indianapolis, Ind., 1961
Ders., Asylums. Essays on the Social Situation of Mental Patients and other Inmates, Garden City, N. Y., 1961
Goode, W. J. (Hg.), The Dynamics of Modern Society, New York 1966
Gottschalch, W.; Neumann-Schönwetter, M.; Soukup, G., Sozialisationsforschung. Materialien, Probleme, Kritik, Frankfurt/Main 1971
Gould, J.; Kolb, W. L., (Hg.), A Dictionary of Social Sciences, New York 1964
Gouldner, A. W.; Gouldner, H. P., Modern Society. An Introduction to the Study of Human Interaction, New York 1963
Green, A. W., Sociology, 4. Aufl. New York 1964
Gross, N.; Mason, W. S.; McEachern, A. W., Explorations in Role Analysis, New York 1958

Gurvitch, G., Grundzüge der Soziologie des Rechts, Berlin 1960
Habermas, J., Erkenntnis und Interesse, 4. Aufl. Frankfurt/Main 1967
Ders., Zur Logik der Sozialwissenschaften, Tübingen 1967 (Beiheft 5 der Philosophischen Rundschau)
Ders., Theorie und Praxis. Sozialphilosophische Studien, Neuwied 1963
Ders.; Luhmann, N., Theorie der Gesellschaft oder Sozialtechnologie. Was leistet die Systemforschung? Frankfurt/Main 1971
Haferkamp, H., Soziologie als Handlungstheorie, Düsseldorf 1972 (Studienbücher zur Sozialwissenschaft Bd. 2)
Hahn, E., Soziale Wirklichkeit und soziologische Erkenntnis, Berlin-Ost 1965
Handwörterbuch der Sozialwissenschaften, 12 Bde., Stuttgart/Tübingen/Göttingen 1956ff.
Harary, F., Merton Revisited. A New Classification for Deviant Behavior, in: American Sociological Review 31, 1966, S. 693ff.
Hare, A. P.; Borgatta, E. F.; Bales, R. F., Small Groups. Studies in Social Interaction, New York 1966
Ders. (Hg.), Handbook of Small Group Research, New York 1962
Hartfiel, G. (Hg.), Die autoritäre Gesellschaft, 3. Aufl. Opladen 1972 (Kritik Bd. 1)
Ders. (Hg.), Wörterbuch der Soziologie, Stuttgart 1972
Hartmann, H., Moderne amerikanische Soziologie. Neuere Beiträge zur soziologischen Theorie, Stuttgart 1967
Ders., Empirische Sozialforschung. Probleme und Entwicklungen, München 1970
Heintz, P., Einführung in die soziologische Theorie, Stuttgart 1962
Hertzler, J. O., American Social Institutions, Boston 1961
Hirsch, E. F.; Rehbinder, M. (Hg.), Studien und Materialien zur Rechtssoziologie, (Sonderheft 11 der Kölner Zeitschrift für Soziologie und Sozialpsychologie) Köln/Opladen 1967
Hoefnagels, H., Soziologie des Sozialen, Essen 1966
Homans, G. C., Theorie der sozialen Gruppe, 3. Aufl. Köln/Opladen 1968
Ders., Elementarformen soziaien Verhaltens. Mit einem Vorwort von P. Atteslander, Köln/Opladen 1968
Ders., Was ist Sozialwissenschaft, Köln/Opladen 1969
Hondrich, K. O., Theorie der Herrschaft, Frankfurt/Main 1973
Horkheimer, M.; Adorno, T. W., Dialektik der Aufklärung, Amsterdam 1947
Ders., Kritische Theorie, 2 Bde., Frankfurt 1968
Horton, P. B.; Hunt, Ch. L., Sociology, New York 1964
Hummell, H. J.; Opp, K.-D., Die Reduzierbarkeit von Soziologie auf Psychologie, Braunschweig 1971
Inkeles, A., What ist Sociology?, Englewood Cliffs 1964
Irle, M., Soziale Systeme, Göttingen 1963
Johnson, H. M., Sociology. A systematic Introduction, 5. Aufl. London 1966
Jonas, F., Geschichte der Soziologie, 4 Bde., Hamburg 1968/69
Kaufmann, F., Methodology of the Social Sciences, 2. Aufl. New York 1958
Klages, H., Soziologie zwischen Wirklichkeit und Möglichkeit. Plädoyer für eine projektive Soziologie, Köln/Opladen 1968

Klima, R., Theorienpluralismus in der Soziologie, in: Diemer, A. (Hg.), Der Methoden- und Theorienpluralismus in den Wissenschaften, Meisenheim a. Glan 1971
Kluth, H., Sozialprestige und sozialer Status, Stuttgart 1957
König, R., Studien zur Soziologie, Frankfurt 1971
Ders. (Hg.), Handbuch der empirischen Sozialforschung, Bd. 1, 2. Aufl. Stuttgart 1969, Bd. 2, Stuttgart 1969
Ders. (Hg.), Praktische Sozialforschung, 2 Bde., 2. Aufl. Berlin 1962
Ders. (Hg.), Soziologie. Das Fischer Lexikon. Frankfurt/Main 1967
Kriz, J., Statistik in den Sozialwisenschaften, Reinbek b. Hamburg 1973
Ders., Datenverarbeitung in den Sozialwissenschaften, Reinbek b. Hamburg 1973
Krysmanski, H. J., Soziologie des Konflikts. Materialien und Modelle, Reinbek b. Hamburg 1971
Lapassade, G., Gruppen, Organisationen, Institutionen, Stuttgart 1972
Lautmann, R., Wert und Norm. Begriffsanalysen für die Soziologie, Köln/Opladen 1969 (Dortmunder Schriften zur Sozialforschung Bd. 37)
Leclerq, J., Introduction à la sociologie, 2. Aufl. Löwen 1959
Lenk, K. (Hg.), Ideologie. Ideologiekritik und Wissenssoziologie. 5. Aufl. Neuwied/Berlin 1971 (Soziologische Texte 4)
Lindzey, G.; Aronson, E., Handbook of Social Psychology, Bd. 4: Group Psychology and Phenomena of Interaction, Massachusetts 1969
Linton, R., The Study of Man, New York 1936
Ders., Rolle und Status, in: Hartmann (Hg.), Moderne Amerikanische Soziologie, Stuttgart 1967, S. 251ff.
Lipp, W., Institution und Veranstaltung. Zur Anthropologie der sozialen Dynamik, Berlin 1968 (Soziologische Schriften Bd. 6)
Loomis, Ch. P.; Loomis, Z. K., Modern Social Theories, 2. Aufl. Princeton 1965
Luhmann, N., Normen in soziologischer Perspektive, in: Soziale Welt 20, 1969, S. 28ff.
Ders., Soziologie als Theorie sozialer Systeme, in: Kölner Zeitschrift für Soziologie und Sozialpsychologie 19, 1967, S. 615ff.
Ders., Soziologische Aufklärung. Aufsätze und Theorie sozialer Systeme, 2. Aufl. Opladen 1971
Ders., Vertrauen. Ein Mechanismus der Reduktion sozialer Komplexität, Stuttgart 1968
Ders., Funktion und Folgen formaler Organisation, Berlin 1964, (Schriftenreihe der Hochschule Speyer, Bd. 20)
Madge, J., The Origins of Scientific Sociology, London 1963
Malewski, A., Verhalten und Interaktion, Tübingen 1967
Mangold, W., Empirische Sozialforschung. Grundlagen und Methoden, 3. Aufl. Heidelberg 1971
Martin, A. von, Soziologie. Die Hauptgebiete im Überblick, Berlin 1956
Marx, K., Die Frühschriften, hrsg. von S. Landshut, Stuttgart 1964
Matthes, J., Einführung in das Studium der Soziologie, Reinbek b. Hamburg 1973
Ders.; Meinefeld, W.; Schütze, F.; Springer, W.; Weymann, A.

(Hg.), Alltagswissen, Interaktion und gesellschaftliche Wirklichkeit, Reinbek b. Hamburg 1973
Mayntz, R., Begriff und empirische Erfassung des sozialen Status in der heutigen Soziologie, in: Kölner Zeitschrift für Soziologie und Sozialpsychologie 10, 1958 S. 58ff.
Ders.; Holm, K.; Hübner, P., Einführung in die Methoden der empirischen Soziologie, Köln 1969
Ders., Soziologie der Organisation, Hamburg 1963
Mead, G. H., Geist, Identität und Gesellschaft, Frankfurt/Main 1968
Ders., The Philosophy of the Act, 5. Aufl. Chicago 1964
Ders., On Social Psychology, Chicago/London 1965
Merton, R. K.; Broom, L.; Cottrell, L. S. (Hg.), Sociology Today, 2 Bde.. New York 1962
Ders., Social Theory and Social Structure, 3. erw. Aufl. Glencoe 1968
Ders., The Role-Set. Problems in Sociological Theory, in: British Journal of Sociology 8, 1957, S. 106ff.
Messelken, K. H., Politikbegriffe der modernen Soziologie. Eine Kritik der System- und Konflikttheorie, 2. Aufl. Köln/Opladen 1968
Mills, C. W., Kritik der soziologischen Denkweise, Neuwied 1963 (Soziologische Texte, Bd. 8)
Ders., Die amerikanische Elite. Gesellschaft und Macht in den amerikanischen Staaten, Hamburg 1962
Ders.. Klassik der Soziologie. Eine polemische Auslese, Frankfurt/Main 1966
Mills, Th. M., Soziologie der Gruppe, 3. Aufl. München 1971 (Grundfragen der Soziologie Bd. 10)
Mitchell, G. D. (Hg.), A Dictionary of Sociology, 2. Aufl. London 1968
Moore, W. E., Strukturwandel der Gesellschaft, München 1967 (Grundfragen der Soziologie Bd. 4)
Nadel, S. F., The Theory of Social Structure, London 1957
Nagel, E., The Structure of Science, London 1961
Neurath, P., Statistik für Sozialwissenschaftler, Stuttgart 1966
Nicholson, M., Konfliktanalyse, Düsseldorf 1971
Nisbet, R. A., The Sociological Tradition, New York 1966
Olmsted, M. S., Die Kleingruppe. Soziologische und sozialpsychologische Aspekte, Freiburg i. Br. 1971
Opp, K. D., Methodologie der Sozialwissenschaften. Einführung in Probleme ihrer Theorienbildung, 2. Aufl. Reinbek b. Hamburg 1972
Ders., Kriminalität und Gesellschaftsstruktur, Neuwied/Berlin 1968
Ders., Verhaltenstheoretische Soziologie, Reinbek b. Hamburg 1972
Parsons, T., The Social System, Glencoe Ill. 1961
Ders., The Structure of Social Action, 2. Aufl. Glencoe Ill. 1949
Ders., Das System moderner Gesellschaften, München 1972 (Grundfragen der Soziologie Bd. 15)
Ders., Systematische Theorie in der Soziologie. Gegenwärtiger Stand und Ausblick, in: Rüschemeyer, D. (Hg.), Parsons, T., Beiträge zur soziologischen Theorie, Neuwied/Berlin 1964
Ders., An Outline of the Social System, in: Parsons, T.; Shils, A. u. a. (Ed.), Theories of Society. Foundations of Modern Sociological Theory, New York 1961

Ders.; Bales, R. F., Family, Socialisation and Interaction Process, Glencoe Ill. 1954
Ders., The Pattern Variables Revisited, in: American Sociological Review 25, 1960, S. 467ff.
Ders.; Shils, E., Towards a General Theory of Action, Cambridge, Mass., 1951
Ders.; Bales, R. F.; Shils, E., Working Papers in the Theory of Action, Glencoe Ill. 1953
Ders., Sociological Theory and Modern Society, New York 1967
Peatman, J. G., Introduction of Applied Statistics, New York 1963
Plessner, H., Die Stufen des Organischen und der Mensch, Düsseldorf 1964
Ders., Conditio Humana, Pfullingen 1964
Popitz, H., Der Begriff der sozialen Rolle als Element der soziologischen Theorie, Tübingen 2. Aufl. 1968 (Recht und Staat Bd. 331/332)
Ders., Prozesse der Machtbildung, Tübingen 1968
Ders.; Bahrdt, H. P.; Jüres, E. A.; Kesting; H., Technik und Industriearbeit, Tübingen 1957
Ders., Soziale Normen, in: Europäisches Archiv für Soziologie 2, 1966, S. 185ff.
Ders., Über die Präventivwirkung des Nichtwissens. Dunkelziffer, Norm und Strafe, Tübingen 1968
Popper, K. R., Logik der Forschung, 2. Aufl. Tübingen 1966
Ders., Conjectures and Refutations, London 1963
Ders., Das Elend des Historizismus, Tübingen 1965
Ders., Die Logik der Sozialwissenschaften, in: Kölner Zeitschrift für Soziologie und Sozialpsychologie 14, 1962, S. 233ff.
Ramsöy, O., Social Groups as System and Subsystem, Glencoe 1963
Rex, J., Grundprobleme der soziologischen Theorie, Freiburg 1970
Riesman, D., Die einsame Masse. Eine Untersuchung über die Wandlungen des amerikanischen Charakters, Hamburg 1958
Rose, A. M., Human Behavior and Social Processes. An Interactionist Approach, London 1962
Ders. (Hg.), The Institutions of Advanced Societies, Minneapolis 1958
Rüegg, W., Soziologie, 2. Aufl. Frankfurt 1970
Sack, F.; König, R., (Hg.), Kriminalsoziologie, Frankfurt/Main 1968
Ders., Probleme der Kriminalsoziologie, in: König, R. (Hg.), Handbuch der empirischen Sozialforschung, Bd. 2, Stuttgart 1969
Sarbin, Th. R., Role Theory, in: Lindzey, G., Handbook of Social Psychology, Bd. 1, London 1954, S. 233ff.
Schäfers, B. (Hg.), Thesen zur Kritik der Soziologie, Frankfurt/Main 1969
Schelsky, H., Auf der Suche nach der Wirklichkeit. Gesammelte Aufsätze, Düsseldorf/Köln 1965
Ders., Ortsbestimmung der deutschen Soziologie, Düsseldorf/Köln 1959
Scheuch, E. K.; Kutsch, Th., Grundbegriffe der Soziologie, 1. Grundlegung und elementare Phänomene, Stuttgart 1972
Schiwy, G., Neue Aspekte des Strukturalismus, München 1971
Schlottmann, U., Primäre und sekundäre Individualität, Stuttgart 1968

Schoeck, H., Die Soziologie und die Gesellschaften, 2. Aufl. Freiburg/München 1964
Ders., Kleines soziologisches Wörterbuch, Freiburg/Basel/Wien 1969
Schrader, A., Einführung in die empirische Sozialforschung, Stuttgart 1971
Schumann, K. F., Zeichen der Unfreiheit. Zur Theorie der Messung sozialer Sanktionen, Freiburg i. Br. 1968 (Sozialwissenschaft in Theorie und Praxis Bd. 5)
Schütz, A., Der sinnhafte Aufbau der sozialen Welt, 2. Aufl. Wien 1960
Ders., Collected Papers, 3 Bde., Den Haag 1962-1966
Seiffert, H., Einführung in die Wissenschaftstheorie, 2 Bde., 3. Aufl. München 1971
Selltiz, C.; Jahoda, M.; Deutsch, M.; Cook, St. W., Untersuchungsmethoden der Sozialforschung 2 Bde., Neuwied/Berlin 1972/1973 (Soziologische Texte Bd. 76, 77)
Setzen, K. M., Die Gruppe als soziales Gebilde, Heidenheim 1971
Sherif, M.; Sherif, C. M., Reference Groups, New York 1964
Siebel, W., Freiheit und Herrschaftsstruktur in der Kirche, Berlin 1971
Ders., Die Logik des Experimentes in den Sozialwissenschaften, Berlin 1965
Simmel, G., Soziologie. Untersuchung über die Formen der Vergesellschaftung, 5. Aufl. Berlin 1968
Smelser, N. J., Sociology, New York 1967
Spittler, G., Norm und Sanktion. Untersuchungen zum Sanktionsmechanismus, Olten/Freiburg 1967
Ders., Probleme bei der Durchsetzung sozialer Normen, in: Lautmann, R.; Maihofer, W.; Schelsky, H. (Hg.), Die Funktion des Rechts in der modernen Gesellschaft, Bielefeld 1970, S. 203ff. (Jahrbuch für Rechtssoziologie und Rechtstheorie Bd. 1)
Stammer, O.; Weingart, P., Politische Soziologie, München 1973 (Grundfragen der Soziologie Bd. 14)
Stegmüller, W., Probleme und Resultate der Wissenschaftstheorie und analytischen Philosophie, 2 Bde., Berlin/Heidelberg/New York 1969
Steinert, H., Die Strategien sozialen Handelns. Zur Soziologie der Persönlichkeit und der Sozialisation, München 1972
Stendebach, F. J., Soziale Interaktion und Lernprozesse, 2. Aufl. Köln/Berlin 1967
Stonequist, E. V., The Marginal Man, New York 1937
Stouffer, S., u. a., The American Soldier, 4 Bde., Princeton 1949-1950
Sumner, W. G., Folkways, New York 1959
Sutherland, E. H.; Cressey, D. R., Principles of Criminology, Chicago 1960
Tenbruck, F. H., Zur deutschen Rezeption der Rollentheorie, in: Kölner Zeitschrift für Soziologie und Sozialpsychologie 13, 1961, S. 1ff
Thibaut, J. W.; Kelley, H. H., The Social Psychology of Groups, New York 1965
Thomas, W. I., Person und Sozialverhalten, Neuwied 1966 (Soziologische Texte Bd. 26)

Thurnwald, R., Die menschliche Gesellschaft in ihren ethnosoziologischen Grundlagen, 5 Bde., Berlin/Leipzig 1931–1934
Tjaden, K. H., (Hg.), Soziale Systeme. Materialien zur Dokumentation und Kritik soziologischer Ideologie, Neuwied/Berlin 1971 (Soziologische Texte, Bd. 68)
Ders., Soziales System und sozialer Wandel. Untersuchung zur Geschichte und Bedeutung zweier Begriffe, Stuttgart 1972
Tönnies, F., Die Sitte, Frankfurt 1909
Topitsch, E. (Hg.), Logik der Sozialwissenschaften, 5. Aufl. Köln/Berlin 1968
Touraine, A., Sociologie de l'action, Paris 1965
Tumin, M. M., Schichtung und Mobilität, München 1970 (Grundfragen der Soziologie Bd. 5)
Vierkandt, A., Handwörterbuch der Soziologie, Stuttgart 1959
Wallner, E. M., Soziologie. Einführung in Grundbegriffe und Probleme, Heidelberg 1970
Weber, M., Wirtschaft und Gesellschaft. Grundriß der verstehenden Soziologie, Köln/Berlin 1964 (Studienausgabe in 2 Bde.)
Ders., Gesammelte Aufsätze zur Wissenschaftslehre, 2. Aufl. Tübingen 1951
Ders., Methodologische Schriften, Frankfurt 1968
Weinstock, A., Role Elements. A Link between Acculturation and Occupational Status, in: Journal of British Sociology 14, 1963, S. 144ff.
Wellmer, A., Kritische Gesellschaftstheorie und Positivismus, Frankfurt/Main 1968
Whyte, W. F., Street Corner Society, 9. Aufl. Chicago/London 1965
Wiehn, E., Theorien der sozialen Schichtung. Eine kritische Diskussion, München 1968 (Studien zur Soziologie Bd. 9)
Winch, P., Die Idee der Sozialwissenschaft und ihr Verhältnis zur Philosophie, Frankfurt/Main 1966
Wiswede, G., Soziologie des abweichenden Verhaltens, Stuttgart/Berlin/Köln/Mainz 1973
Wössner, J., Soziologie, Einführung und Grundlegung, Wien/Köln/Graz 1970
Wurzbacher, G. (Hg.), Der Mensch als soziales und personales Wesen, Stuttgart 1963
Zapf, W. (Hg.), Theorien des sozialen Wandels, 2. Aufl. Köln/Berlin 1970 (Neue Wissenschaftliche Bibliothek Bd. 31)
Ziegenfuß, W. (Hg.), Handbuch der Soziologie, 2 Bde., Stuttgart 1955–56